阅读推广人系列教材

图书馆数字阅读推广

丛书主编：王余光　霍瑞娟
本册主编：李东来
本册副主编：李世娟

中国国际出版集团　朝华出版社

图书在版编目（CIP）数据

图书馆数字阅读推广 / 李东来主编 . — 北京：朝华出版社，2015.9（2016.8重印）
阅读推广人系列教材 / 王余光，霍瑞娟主编
ISBN 978-7-5054-3795-1

Ⅰ . ①图… Ⅱ . ①李… Ⅲ . ①图书馆—读书活动—教材　Ⅳ . ① G252.17

中国版本图书馆 CIP 数据核字（2015）第 219912 号

图书馆数字阅读推广

主　　编	李东来
选题策划	张汉东
责任编辑	武　瑾
责任印制	张文东　陆竞赢
出版发行	朝华出版社
社　　址	北京市西城区百万庄大街 24 号　　邮政编码　100037
订购电话	（010）68995593　68996050
传　　真	（010）88415258（发行部）
联系版权	j-yn@163.com
网　　址	http://zhcb.cipg.org.cn
印　　刷	三河市百盛印装有限公司
经　　销	全国新华书店
开　　本	710mm×1000mm　1 / 16　　　字　数　200 千字
印　　张	14.5
版　　次	2015 年 12 月第 1 版　2016 年 8 月第 2 次印刷
装　　别	平
书　　号	ISBN 978-7-5054-3795-1
定　　价	39.80 元

版权所有　翻印必究·印装有误　负责调换

阅读推广人系列教材编委会

主 编 王余光 霍瑞娟

编 委 （按姓氏音序排列）

邓咏秋 霍瑞娟 金德政 李东来

李俊国 李世娟 李西宁 邱冠华

汪 茜 王 波 王丽丽 王 玮

王余光 王 媛 吴 晞 许 欢

张 岩 张 章 仲 岩

总 序

全民阅读、阅读推广，是立足中国文化、提高中华民族素质与竞争力的重要举措，近年来受到政府与社会的广泛关注。党的十八大报告在关于"扎实推进社会主义文化强国建设"的论述中明确表示要"开展全民阅读活动"。2014年和2015年李克强总理两度在《政府工作报告》中提及要"倡导全民阅读，建设书香社会"。

开展全民阅读活动是一项社会文化系统工程，需要集合全社会的力量推行。图书馆承担着传承社会文明、传播知识信息的重要职责，尤其在推动全民阅读、提高人民群众思想道德素质和科学文化素质，推动社会进步中发挥着重要作用。其实，图书馆界开展阅读推广工作由来已久，甚至可以说，提供阅读场所和读本的图书馆自诞生之时就以阅读推广为自身的天然使命。2006年，作为我国图书馆界及相关业界最有影响力的社会组织，中国图书馆学会成立了科普与阅读指导委员会，这标志着中国图书馆学会在推动全民阅读上有了专门的组织机构。2009年，科普与阅读指导委员会更名为阅读推广委员会，下设15个专业委员会。近年来，中国图书馆学会依托图书馆行业自身优势，联合社会力量，积极倡导全民阅读，指导和推动全国图书馆界开展阅读推广活动，加强阅读文化和阅读服务的研究，集聚了一批从事全民阅读与阅读推广研究和教育培训等方面的专家，形成了开展阅读推广活动的长效机制。

图书馆员是图书馆阅读推广活动的策划者、组织者和实施者，其相关能力直接影响着图书馆阅读推广活动的成果与实效。图书馆阅读推广活动的开展离不开高素质的"阅读推广人"。为了更加规范有效地开展阅读推广活动，进而从根本上促进我国全民阅读事业的发展，中国图书馆学会于2014年底在江苏常熟举办的全民阅读推广峰会上，正式启动了"阅读推广人"培育行动，计划通过未来几年的努力培育一大批专业的"阅读推广人"。通过培育行动，将有更多职业的"阅读推广人"在图书馆、学校以及更广阔的空间里发挥更大的作用，为推进全民阅读工作和书香社会建设做出更大的贡献。

为了配合"阅读推广人"培育行动的开展，中国图书馆学会组织编写了"阅读推广人"培育行动系列教材，目前先期出版六种。希望这套教材的出版能对"阅读推广人"的培育和图书馆界及相关业界阅读推广工作的开展有所助益。由于编者水平有限及出版时间仓促，书中错误之处在所难免，敬请同行及读者指正。

中国图书馆学会理事长、国家图书馆馆长：韩永进

目 录

| 总　序 |

| 第一讲　数字阅读："滑"时代的阅读转型 |

　　第一节　挡不住的电子书洪流 / 1

　　第二节　数字阅读——开"机"有益 / 8

　　第三节　数字阅读的隐忧 / 11

　　第四节　阅读的未来 / 15

　　第五节　图书馆在数字阅读时代下的坚守与思考 / 19

| 第二讲　解密数字阅读 |

　　第一节　阅读方式的转变 / 27

　　第二节　数字文献的生成、利用与保存 / 32

　　第三节　数字阅读用户行为的主要特征 / 41

| 第三讲　电子书阅读器 |

　　第一节　电子书阅读器的兴起 / 46

　　第二节　Kindle 带来的阅读器变革 / 48

　　第三节　我国电子书阅读器的发展及其制约因素 / 52

　　第四节　电子书与阅读器发展中的困境 / 55

　　第五节　阅读器在图书馆的应用情况 / 58

　　第六节　电子书阅读器的未来 / 62

| 第四讲　移动阅读的世界 |

　　第一节　移动阅读的前世今生 / 75

第二节　移动阅读时代的实现方式 / 82

第三节　另类的移动阅读：数字影音与网络交互 / 89

第四节　移动设备"冷知识" / 94

第五节　移动阅读尚待解决的问题 / 97

第五讲　儿童数字阅读——教育与阅读的新起点

第一节　儿童数字阅读的利与弊 / 101

第二节　图书馆儿童数字阅读服务 / 107

第三节　儿童数字阅读产品 / 113

第六讲　大学生数字阅读那些事儿

第一节　数字时代新阅读：大学生数字阅读现状 / 121

第二节　陪你爱上阅读：高校图书馆数字阅读指导探析 / 126

第三节　各出奇招：高校图书馆基于数字阅读的酷炫服务 / 131

第四节　授之以渔：大学生数字阅读素养的培养 / 145

第七讲　"e时代"的网络阅读资源

第一节　今天你上"百科"了吗 / 149

第二节　文学网站知多少 / 155

第三节　科普传播的新探索 / 161

第四节　数字化网络购书体验 / 165

第五节　门户读书频道 / 169

第六节　其他资源 / 174

第八讲　数字阅读推广活动组织与策划

第一节　网络书香·全国数字阅读推广活动 / 181

第二节　"e读e学e生活——数字阅读从图书馆开始"大型展示体验活动 / 185

第三节 "微"活动，大效益 / 193
第四节 分享与互助——数字阅读怎么能少了社交 / 198
第五节 专业"玩家"告诉你数字阅读这样"读" / 200

延伸阅读

数字化购书体验 / 203
豆瓣，我的精神后花园 / 205
维基百科使用十大技巧 / 207
数字化书籍将改变什么 / 209
数字阅读的十个思考 / 211

后 记

第一讲

数字阅读："滑"时代的阅读转型

刘菡*

"老兵不死，只是逐渐凋零。"道格拉斯·麦克阿瑟的这句名言，似乎也影射着数字时代下纸质书的命运。当我们或主动或被动地成为互联网时代的一员，享用网络时代"每时每刻"之便利时，阅读生活也正在发生着巨大的变革。数字阅读正以不可阻挠之势争夺传统阅读阵地，并日益成为主流阅读形态之一。

第一节　挡不住的电子书洪流

一、数字阅读的形成与发展

1971年7月4日，时为伊利诺伊大学学生的迈克尔·哈特在实验室中偶然间意识到计算机的最大价值并非计算，而是存储、检索和查询图书馆中的所有信息资源，随后他便马上将《美国独立宣言》录入计算机，并将其以文本格式存储。至此，第一本免费电子书诞生。[①] 此后，哈特便致力于电子书的创制及

---

* 刘菡，北京大学信息管理系博士研究生。

① Marie Lebert. Project Gutenberg, from 1971 to 2005[EB/OL].[2015-04-28].http://www.etudes-francaises.net/dossiers/gutenberg_eng.htm. 本语段由作者翻译。

其相关技术的研发。同年，由其发起的"古腾堡计划"拉开了通过计算机网络传输数字资源的序幕。作为世界上最早的数字图书馆，"古腾堡计划"通过志愿者自发采用手工输入、扫描、软件识别等方法，将传统纸本书转存为"Plain Vanilla ASCII"电子档案格式，存储于数据库（Xerox Sigma V Mainframe）中，供社会成员共享，其他用户通过互联网可以免费查询、下载所需要的信息。经过40多年的发展，该计划早期收录了《美国权利法案》《圣经》《莎士比亚全集》等经典文献，到现今已存储超过4.6万种在版权保护期外的免费电子书。① 新的信息载体的出现，伴随着信息生产、传播和使用方式的巨大变革，数字阅读时代随之而来。

正如同古腾堡金属活字印刷术的出现促使书籍向平民阶层普及一样，"古腾堡计划"在诞生之初便被赋予了宏大的社会理想，即通过鼓励电子书的创建与发布，以机器、程序和个人能简易识别和获取的方式，提供给普通公众使用，促进资源传播、查询、使用与免费共享。② 这一项目虽然还在继续之中，但其倡导的用户自建、简易获取、普遍共享、免费使用等理念迎合了数字化环境下的阅读需求。20世纪90年代末出现的电子书阅读器，经过十多年的发展，迅速占领市场（如亚马逊Kindle、索尼Reader等）。伴随着智能手机、平板电脑的推陈出新，数字阅读日渐走入人们视野并跻身为主流的阅读形态。计算机网络技术、移动通信互联网技术的发展及移动终端设备的广泛使用等，使得网络环境无处不在成为可能，每个人都可以随时随地接入网络、沟通全球，越来越多的人通过网络渠道进行信息分享、社会交往，网络已然成为人们获取新闻资讯、查阅图书资料、阅读电子读物的首要途径。从传统阅读到"滑"时代阅读，我们根本无须挣扎。

---

① Project Gutenberg. Free ebooks - Project Gutenberg[EB/OL].[2015-04-28].http://www.gutenberg.org/. 本语段由作者翻译。

② Project Gutenberg. The History and Philosophy of Project Gutenberg by Michael Hart[EB/OL].[2015-04-28]. http://www.gutenberg.org/wiki/Gutenberg:The_History_and_Philosophy_of_Project_Gutenberg_by_Michael_Hart. 本语段由作者翻译。

二、什么是数字阅读

对数字阅读的定义，不同学者或机构有不同的理解。

狭义的数字阅读定义，将阅读内容限制于以语言符号为主的文本内容，如姜洪伟认为，数字阅读是阅读的数字化，即使用数字设备阅读以语言符号为主的数字化文本内容。[1] 肖雪认为，数字阅读是利用数字阅读设备（主要是电脑、手机和电子书阅读器）来进行的，通过网络在线或离线方式接收和获取文本中信息、知识、内容的行为，具体包括浏览网站的网页信息、论坛帖子、邮件信息、文献数据库、电子书、演示文档、手机短信、数字化报纸期刊等内容。[2]

中观意义上的数字阅读，除文本内容外，还包括静态的图像、表格、地图等，如艾瑞咨询认为数字阅读包含两层含义：一是阅读对象的数字化，阅读内容以数字化方式呈现，如电子书、网络小说、电子地图、数码照片、博客网页等；二是阅读方式的数字化，即阅读的载体——终端不是平面的纸张而是带屏幕显示的电子仪器，如 Pad/MP3/MP4、笔记本电脑、手机、阅读器等。[3]

广义的数字阅读，内容更具发散性，除电子文本、图片外，音视频等立体、动态媒体也位列其中，如李国新[4]、刘炜[5]等认为，广义的数字阅读是以数字化形式获取或传递认知的过程，不论载体、场合、形式，可以是任何数字化终端（如网络浏览器、电子书阅读器、电子纸或音视频设备），可以是任何格式（各种文本、图像、音视频），可以通过任何技术手段（脱机的、联网的），可以是交互的、跨越时空的社会性阅读，也可以是私密的个人阅读。

数字环境下，知识信息愈发具有鲜活性、流动性，人作为信息的生产者

---

[1] 姜洪伟.数字阅读概念辨析及其类型特征 [J]. 图书馆理论与实践，2013（9）:9-11.
[2] 肖雪.国内外老年人数字阅读研究述评 [J]. 图书情报工作，2014（8）:139-146.
[3] 艾瑞咨询.2011—2012 年中国数字阅读用户行为研究报告简版 [EB/OL].[2015-04-28].http://report.iresearch.cn/1684.html.
[4] 于群，李国新.公共图书馆业务培训指导纲要 [M]. 北京：北京师范大学出版社，2012:310.
[5] 刘炜.数字阅读——开启全民阅读新时代 [J]. 出版人·图书馆与阅读，2009（12）:35-37.

和接收者，随时随处都在与外界交换信息。传播学领域有一种所谓"电子人（Cyborg）"的提法，将社会个体形象地描述为网络节点，即"手持各种电子媒介，随时发布信息并被众多电子媒介信息所浸没，成为媒介化社会电子网络节点的新人类"[①]。由此，认为数字阅读是以数字化形式获取或传递认知的过程似乎更合适，但为了避免定义内容的无限度扩张以致难以把握，本章将讨论的重点限定为中观意义上的数字阅读，即传统阅读对象和阅读方式的数字化。

数字阅读相较于传统阅读呈现出其自身特征。

（一）阅读形态多元化

多种阅读设备如计算机、平板电脑、手机、电子书阅读器、MP3、PSP、MP4等可供读者自主选择；各种格式、长度及体量的文本、声音、图像、动画等，通过单一或组合的方式提供给读者，带给读者多元化的内容体验。

（二）阅读模式多样化

读者可以根据自己的阅读偏好，自主调整字体、字号、背景颜色、亮度等。根据阅读环境或习惯的差异，选择在线浏览或离线阅读、翻页或滑动阅读、横屏或竖屏阅读、默读或听读、顺读或跳读，甚至通过检索匹配的查询式阅读。此外，除主动获取感兴趣的内容外，还可接受阅读推送等。

（三）阅读内容交互融合

读者在线上阅读的认知过程中，通过阅读社会化交互，包括内容分享、转发、评议、回复等，实现互动参与、社会交往。在此过程中，用户既是数字内容的创建者也是读者；数字化内容之间相互引证、内外链接，读者可以根据需要拓展或延伸阅读内容。此外，传统的以文本为主的平面静态阅读逐渐发展为文、图、声、像结合的动态、多维、立体式阅读；数字化阅读设备

---

① 夏德元. 数字时代电子媒介人的崛起与出版新视界 [J]. 学术月刊，2009（09）：21-27.

通过对阅读内容、阅读标记、用户评价、浏览痕迹等的记录和计算，推荐读者可能感兴趣的内容等。

（四）读者对象成群集聚

数字环境中，相同阅读兴趣的用户可以通过主动或被推荐方式快速结识抱团，将个人阅读变成公共阅读的团体行为，在小团体内交流心得、分享体会，共同参与团体发起或组织的活动，并将线上交往延伸到现实生活，如豆瓣小组、QQ群、微信群等。此外，数字化设备能通过记录读者个人或阅读内容的相关信息，对用户进行包括性别、年龄、职业、阅读兴趣、阅读习惯等在内的多维度分类、分组，并针对不同类别的用户群开展个性化服务。

数字阅读有着无可争议的诸多优势，如使用便捷、检索快速、储存海量、动态立体媒体、跨平台交互、用户参与内容创建、价格低廉等。与此同时，也存在诸如阅读设备系统不稳定、蓝屏、中断响应、闪退、电池易消耗等缺陷，而且即便是先进的电子墨水技术也无法避免对人的视力造成伤害。但无可争议的是，它已然成为信息时代人们的一种生活方式。不论是为了避免孤独感、无聊感的消遣阅读，还是为了探索新知、消除不确定性的求知阅读，它充斥在乘车、等待、休息、工作、学习等各种过程之中，也出现在书房、卧室、餐厅、沙滩、草地等各种环境之下。数十年前，北岛在诗中将生活比喻为一张网[①]，而当下已成为"电子人"的我们，正是被Internet这张无形之网网罗其中。

三、数字阅读：未来阅读"新常态"

女图书编辑雅莉桑德拉与小说家吉姆因书结缘，曼哈顿旧书交易市场曾一度是他们约会的重要地点。如今，在他们的寓所内，书籍从地板堆到天花板，两人却在"购书"这一从前的共同爱好上发生分歧：雅莉桑德拉依然坚持搜购优质纸质图书，吉姆则更多在iPhone上阅书读报，而他自己所写的小说也只出

---

① 北岛.北岛诗选[M].广东：新世纪出版社，1986：24.

电子版。吉姆认为将来的阅读必定是电子阅读,而书本只是收藏家的藏品。① 中国新闻出版研究院组织实施的"第十一次全国国民阅读调查"显示,2013年我国成年国民数字化阅读方式(网络在线阅读、手机阅读、电子阅读器阅读、光盘阅读、Pad/MP4/MP5阅读等)的接触率首次超过一半,为50.1%,② 而2014年,我国成年国民数字化阅读方式接触率已达58.1%③。随着数字阅读逐渐占据主流,纸质书刊则日渐没落。正如同西医使中医边缘化一般,有学者预言纸质书刊边缘化轨迹大体如下:最先消失的是工具书,其次是报纸、期刊,然后是小说等休闲读物,最后是学术著作。④ 由于数字阅读内容繁杂,涉及范围广,且尚未有完全合理的划分方法,本讲参照王子舟教授在《随电纸书洪流走进数字阅读时代》一文中的分述方式,从网络阅读、手机阅读、电子书阅读器阅读三个方面,对数字阅读的发展盛况进行阐述。

(一)网络阅读

随着电子设备的普及,手机持有者人数持续增长,平板电脑销售额不断创新高,数字阅读冲击传统纸媒市场,并迅速侵占其生存空间。中国互联网络信息中心发布的《第35次中国互联网络发展状况统计报告》显示,截至2014年12月,中国网民规模达6.49亿,互联网普及率达到47.9%,通过台式电脑和笔记本电脑接入互联网的比例分别为70.8%和43.2%。网络内容相当丰富,其中中国网站(指域名注册者在中国境内的网站)的数量已达到335万个,中国网页为1899亿个,动静态网页之间的比例基本上相当,网民人均周上网时长达26.1小时。⑤

---

① 唐见端. 纸质书VS电子书 理智VS情感:迅猛扩展的电子书撞击美国人的阅读习惯[N/OL]. 文汇报,2010-09-11(005)[2015-04-28]. http://news.sina.com.cn/w/2010-09-11/090618098288s.shtml.
② 中国出版网. "第十一次全国国民阅读调查"成果发布[EB/OL].[2015-04-28].http://www.chinapublish.com.cn/yw/201404/t20140423_155079.html.
③ 中国出版网. 第十二次全国国民阅读调查数据在京发布[EB/OL].[2015-07-07].http://www.chuban.cc/yw/201504/t20150420_165698.html.
④ 王子舟. 随电纸书洪流走进数字阅读时代[J]. 图书馆建设,2010(06):7-9.
⑤ 中国互联网络信息中心. 第35次中国互联网络发展状况统计报告[EB/OL].[2015-04-28]. http://www.cnnic.cn/hlwfzyj/hlwxzbg/201502/P020150203551802054676.pdf.

（二）手机阅读

截至 2014 年 12 月，我国手机网民规模达 5.57 亿，手机网民占整体网民比例的 85.8%。手机上网的频率和时长也不断增加，87.8% 的手机网民每天至少使用手机上网一次，66.1% 的手机网民每天使用手机上网多次。每天手机上网 4 小时以上的重度手机网民比例达 36.4%。[①] 调查显示，2014 年中国移动阅读市场收入规模已达 88.4 亿元。[②] 手机用户或选择通过浏览器登录网页进行在线阅读，或下载相关的 APP 进行在线或离线阅读。目前手机阅读市场已催生出一大批以阅读为核心的手机应用程序，如掌阅 iReader、QQ 阅读、多看阅读、超星移动图书馆等，此外还有各类手机电子杂志、报纸的下载浏览等。

（三）电子书阅读器阅读

电子书阅读器的兴起呈现冲高回落态势。自 2009 年亚马逊 Kindle 掀起阅读器产业井喷式发展以来，电子书阅读器凭借其海量存储、内容可更新、轻便易携、液晶和 LED 显示技术带来良好阅读体验等特点（见图 1-1），在市场上大受追捧。虽然近年来随着智能手机的普及和平板电脑的迅速发展，电子书阅读器市场略受冷落，但其兴盛之势仍可从相关调查报告中窥见一斑：2014 年 1 月美国调查机构皮尤研究中心发布关于美国成年读者电子书阅读器拥有情况的调查，50% 的美国成年人拥有一个专门的手持阅读设备（包括平板电脑如 iPad、电子阅读器如 Kindle 等）。[③] 此外，还有报告显示，2013 年电子书（含网络原创出版物）市场总价值达 38 亿元。[④]

---

① 中国互联网信息中心.中国移动互联网调查研究报告 [EB/OL].[2015-04-28].http://www.cnnic.cn/hlwfzyj/hlwxzbg/201408/P020140826366265178976.pdf.

② 易观智库.易观分析：中国移动阅读市场趋势预测 2014-2017[EB/OL].[2015-04-28].http://www.enfodesk.com/SMinisite/newinfo/articledetail-id-418653.html.

③ 王志刚，宗贝贝.电子书阅读器发展前景探析 [EB/OL].[2015-04-28].http://media.people.com.cn/n/2014/0826/c388272-25540683.html//E-Reading Rises as Device Ownership Jumps[EB/OL][2014-01-16].http://www.pewinternet.org/2014/01/16/e-reading-risesas-device-ownership-jumps/.

④ 中国数字出版产业年度报告课题组 2013-2014 中国数字出版产业年度报告摘要 [EB/OL].[2015-04-28].http://www.chinaxwcb.com/2014-07/18/content_298251.htm.

图 1-1　Kindle 电子书阅读器

图片来源：搜狐 IT. 每部 Kindle 为亚马逊增收 443 美元 [EB/OL][2015-04-28].http://it.sohu.com/ 20131214/n391795151.shtml.

第二节　数字阅读——开"机"有益

数字阅读入驻信息时代，掀起阅读革命，分割传统图书市场并向教材发起冲击，其迅猛发展之势显示其在当下的强盛生命力。如国外已经有很多学校在寻找合适的数字工具和课件，帮助学生更好地阅读。[①]数字阅读能迅速适应用户需求、收获大批读者，其优势毋庸置疑。利用现代技术服务与引导市场需求，共享人类科技盛宴，也是顺应历史发展趋势的表现。

营造泛在阅读环境，即创造一种无处不在、无时不在的阅读。移动阅读设备的诞生和发展使阅读突破时空限制，随时随处为人们创造阅读便利。网络基础设施的完善，再加上移动阅读设备的发展，极大提高了阅读的可及性和便利性，一旦用户开机启动，即可进入数字阅读世界。阅读与工作、学习、生活时

[①] Kathryn Hunt. 用数字阅读工具"急救"读不进去书的孩子 [EB/OL].[2015-04-28]. http://www.impatientoptimists.org/zh/Posts/2015/04/406-1.

第一讲 数字阅读："滑"时代的阅读转型

时处处发生关联，已然成为一种生活方式，渗透到人类认知活动的各个环节。阅读不再受到场所、时间、光线等外在条件影响，更不需要收拾心绪、正襟危坐，完全可以充分利用空闲或零碎时间，进行公开或私密的阅读，不断完善人类认知体系、减少不确定性，进而提高人们的生活品质。

图1-2　台湾某高校图书馆电子书阅读创意海报获奖作品

图片来源：黄华玮.高雄第一科技大学图书资讯馆2012图书资讯活动－电子书阅读创意海报成果[EB/OL][2015-04-28].http://www.lic.nkfust.edu.tw/ezfiles/5/1005/img/1015/9924038.jpg.

　　移动设备轻巧便携且存储量大、功能丰富，海量、多样、鲜活、免费的信息内容可以通过移动设备快速传送到用户眼前。正如上文提到的，中国网页数量已达将近1900亿个，内容涵盖法律、金融、医疗、交通等各个行业，覆盖民生、政治、人文、娱乐等各种主题，通过文艺作品、新闻报道、学术论文等各种体裁进行组织呈现，并以包括文字、图片、视频、动画等多格式面向读者。作为开放交流、自主互动的平台，互联网上每时每刻都有大量信息进行传递和互换，用户连通网络即可沟通全球，得知最新、最快的资讯。互联网上的大量信息成为公共资源，利用网络共建共享、免费传递、自由传输信息的想法和观念被大家普遍接受和认同。

以数字技术为实现基础，满足用户多样化的阅读习惯。利用智能检索、结果排序、分类浏览等为用户快速查找目标信息提供帮助；用户可以自主设置阅读界面，包括调节亮度、颜色、字体、字号、行间距、页边距等；可以在阅读的过程中画线标记、插入书签或保存笔记，甚至将内容分享到其他社交网站；屏幕可显示阅读进度、所在章节信息，并提供滑动、翻页等阅读模式；提供简单的电子书分类整理功能，可将不同电子文档进行归置；利用电子墨水技术做仿真纸质书，减少对视力造成的损害；甚至可以提供词典查词和原文朗读功能等。

交互式阅读体验，开启人人皆读者、人人皆创作者的阅读盛宴。网络环境下，用户作为自媒体，既可以关注他人、接收资讯，同时也可以拥有听众、发布信息。即时对获取的信息进行点击、评论、转载（分享）、收藏等，并获得他人回复。这种互动参与式的阅读模式一方面增进了人与人之间的交流互动，聚集有相同兴趣的用户，另一方面可以促进信息的流通传播。这种方式甚至被一些娱乐产业利用，如《纸牌屋》第二季，就是通过收集第一季观众的评论反馈，分析观众偏好、更改剧情走向的。

个性化、智能化的阅读方式要求人们探索、开发新的阅读服务。比如：可提供不同文本主题的订阅功能，定时将用户咨询传递到用户界面；根据用户的浏览记录和阅读习惯，结合文本内容和其他相关用户的浏览数据，主动推送用户可能感兴趣的阅读内容；告知用户其他关联信息，帮助其开展延伸阅读等，极大节省用户的查找和阅览时间。

第三节　数字阅读的隐忧

一、"面饼人"之忧思

美国剧作家理查德·福尔曼曾这样形容:"鼠标一击,人人都联上那个巨大的信息网络,结果大伙都成了泛而薄的'面饼人'(Pancake People)。"[①]数字环境无疑会催生人类阅读的行为、偏好和习惯的改变,移动互联网的大受追捧印证数字时代人们阅读时间的碎片化,而与此对应的阅读内容碎片化、知识结构扁平化、读者思考浅显化等问题也不能不令人担忧。

海量、快速、互动、流通着的数字阅读内容适应了城市发展的快节奏,却消解了传统阅读中的专注、思索与深刻。随处可击的链接、方便灵活的跳转,还有猝不及防的弹出广告,以及读读停停的阅读状态,隐约透露着一种喧嚣与浮躁,分割了原本应该连续、完整的阅读。在浏览数字化内容的过程中注意力难免被分散,以至于常常有"走得太远,而忘了当初为什么出发"的迷失感。法国哲学家卢梭曾在反对设置大众剧场时指出,大众剧场是销蚀人类精神独立的介质,而真正伟大的思想和艺术需要的乃是一种孤独的状态。虽然这样的观点在今天看来略显偏执,但它揭示了传统阅读的厚重感是数字阅读无法比拟的。

传统的出版模式中,一本优质图书的内容组织、呈现和表达常常有其内在逻辑框架和思想深度,只有进入这一逻辑框架,慢慢品味、细细思索,才能成为阅读。然而在网络环境下,为了能在有限的时间里找到最符合需要的信息,读者往往利用网络搜索引擎之便,获取各种格式、形态各异、不同来源的相关信息,网络成为公众获取知识信息的重要工具。所谓"知之为知之,不知百度(谷歌)之"。面对海量、分散且凌乱无序的检索结果,能够理清头绪、正确甄别、鉴定挑选已属不易,更遑论自发进行深入思考,而形成系统化的知识体系简直

[①] 练小川. 数字时代的阅读[J]. 出版科学,2009(02):16-20.

是天方夜谭。

此外，2006年美国研究网站可用性的著名网站设计师杰柯柏·尼尔森在《眼球轨迹的研究》报告中提出，大多数情况下浏览者都不由自主地以"F"形状的模式阅读网页，这种基本恒定的阅读习惯决定网页呈现"F"形的关注热度，即细读页面前几行，后面就竖着略读。[①]这种快速、跳跃地浏览网页的习惯也深刻影响了数字阅读。我们的大脑和肌肉一样，有记忆和适应能力，给它什么刺激就会发展成什么样的模式。当在信息轰炸下的人们习惯于滑动页面，习惯于快速、跳跃地浏览信息时，就难以适应传统阅读的慢速、品味和思考的阅读方式。此外，传统的循序渐进的选择性关注、理解和记忆的人脑记忆机制也会被这种"强力浏览"方式破坏，即扼杀阅读记忆。无怪乎越来越多的科学研究正在为"数字阅读会让人变傻"寻找证据。[②]

二、阅读生态百相

阅读内容良莠不齐、鱼龙混杂，而读者往往信以为真，不会仔细求证，从而形成错误的认识或价值取向。网络虚拟世界，各种声音自由表达，而又不受时间、地域等的传播限制，持相同价值观点或立场的人集结阵营，如时下的"水军""某某粉丝"等，以集体行为发出声音、制造舆论。此外，随着人工智能技术的发展，甚至出现了机器代替人来进行文稿撰写、绘制图像等工作，如谷歌利用人工智能，借助人工大脑神经组成的数字造梦机器，经过"初始化"处理技术，创作出了一系列幻觉化的图像。[③]因此，数字内容的读者应在阅读过程中仔细分辨和思考，多一分沉静和推敲，少一丝浮躁与轻信。一方面减少虚假信

---

① Jakob Nielsen.F-Shaped Pattern For Reading Web Content[EB/OL].[2015-04-28]. http://www.nngroup.com/articles/f-shaped-pattern-reading-web-content/. 本语段由作者翻译。
② 张贺.数字阅读会让人变傻吗[N/OL].人民日报，2014-04-24（19）[2015-04-28]. http://opinion.people.com.cn/n/2014/0424/c1003-24936070.html.
③ 腾讯·大粤网.谷歌人工智能的艺术创作看上去怪怪的[EB/OL].[2015-07-03]. http://gd.qq.com/a/20150703/016803.htm.

息的肆意传播，另一方面，在复杂的网络环境中拥有自己的坚守。

信息过载问题令人担忧，信息过载不仅是信息量的增加，更重要的是由于信息噪音化和信息平庸化（信息贫瘠和过剩）而导致信息降级[1]。随着信息量的增加、知识的增长，人类对信息的选择也会增多，当人们为找寻目标信息进行大量筛选、甄别工作时，对大量重复、冗余信息的排除很容易令人产生厌烦或不满情绪，无法有效整合、组织、内化所需要的信息，以至于影响到人们的工作、生活及人际关系。信息时代下，信息在交流过程中出现内容重复、行话、陌生符号，信息与需求不匹配，信息内容纷繁复杂，通信拥挤，缺乏反馈，不同人对相同信息的理解差异而导致信息对一部分人形成噪音。虚假信息、信息数量和内容超过人脑接受程度等问题，使得人们必须接收大量无用信息后才能找到真正满足需求的信息。这种信息过载带来的危害众多，不仅影响工作效率和质量，使人产生信息焦虑、迷惑，信息处理负荷，甚至会威胁读者自我教育能力，造成与其他社会成员的疏离感等。

当今功利主义盛行，人们"消费"阅读的倾向日显。古时书不易得，古人对待字纸常怀敬畏与珍重之心，读书之前焚香净手，阅读之时则会正襟危坐，而古人读书之功用，多为修身养性、陶冶情操。现如今，文化生产与使用都呈现物化倾向，人类的情感、需求、欲望、本能都被当作商业资源进行开发，阅读的审美意识形态逐渐疏离传统高雅趣味，越发体现其现实目的性、实用性、指导性、娱乐性等，而经典作品却渐渐淡出人们的生活。虽然将阅读推向市场、扩大受众群体本身无可厚非，阅读之于个人社会的功能原本并非单一，也无须纯粹高尚，但在功利性、目的性之外，也需稍稍为心灵腾出空间，接受高雅文化的洗礼与净化。

三、安全隐患与伦理困境

2015年央视"3·15晚会"上，黑客现场演示虚假Wi-Fi如何盗取手机隐私，

---

[1] 顾犇. 信息过载问题及其研究 [J]. 中国图书馆学报，2000（05）：40-43，74.

让不少观众瞠目结舌。随着数字化浪潮的入侵，人们在享受技术便利的同时，对诸如信息安全、个人隐私保护等信息伦理问题头疼不已。

信息伦理是指"信息开发、信息传播、信息管理和利用等方面的伦理要求、伦理准则、伦理规约，以及在此基础上形成的新型伦理关系"[①]。它包括：①侵犯知识产权，利用知识产权保护界限模糊不清的状况，侵犯知识产权所有人的正当权益，如未经许可将个人创作翻制上传网络并从中牟利等行为；②侵犯个人隐私，利用网络获取、挖掘个人隐私，进行信息欺诈等不法行为，甚至延伸到现实生活中来，如采集网页浏览者浏览痕迹、停留时间、笔记记录等推测个人的生活习惯、兴趣偏好、社交网络等，个人隐私遭受严重威胁；③制造和传播网络病毒、攻击和入侵各类信息系统，威胁信息安全，如2014年底，12306网站被曝用户个人信息泄露，大量用户账户、密码、身份证、邮箱等敏感信息无法得到保护；④发布和传播虚假有害信息，信息滥用造成的信息污染，滋生大量信息垃圾等，2014年10月，最高人民法院司法解释明确利用自媒体等转载网络信息行为的过错及程度认定问题，规范自媒体上信息传播的问题。

网络环境下，由于信息的不对称性，信息拥有与信息共享之间产生矛盾冲突，而网上信息形式多样且又易于被窃取滥用，导致信息的非法使用和传播。相关的法律法规又相对滞后，尤其是知识产权保护的缺席、权责界限不明晰，侵犯知识产权的行为屡见不鲜。对此，应加强信息立法、确定相关法律条文，制定信息伦理准则，约束个人信息行为；提升技术手段和防范意识，保障信息及系统安全；注重以"慎独"为特征的道德自律，信息伦理需要每一位参与者的自觉恪守。

---

① 吕耀怀.信息伦理学[M].长沙：中南大学出版社，2002:3.

第四节 阅读的未来

一、从阅读史看数字阅读

阅读的定义一直在变化之中。起初，阅读是一种从任何编码系统中获取视觉信息并理解其相应含义的能力，它与原始的认知扫描过程相生相伴，如追踪、工具制作、浆果采集、面貌识别。随着语言、文字符号及书写工具的发展，阅读专指对书写在物体表面上的连续文本符号的理解。早期，苏美尔人比较系统地探索声音和符号之间的对应性，即符号逐渐具有意义和音值两重属性，由此，出现了真正意义上的阅读形态。而在数字环境下，阅读的内涵又进一步扩大，成为借助数字化设备获取或传递数字化内容的认知过程。

古典时期，口头文字多于书写文字，阅读主要是由一部分识字的奴隶或修道士等朗读或诵读，当时的读者主要是居于社会统治阶层的贵族精英，而当时的阅读，更确切地说应该是听读，册页抄本的出现并代替卷轴本，文本有了段节区分，使书籍具有现代特征；中世纪，由于群落聚居，而仅少部分人具有识字的能力并且书籍数量有限，多数情况下阅读仍为一项集体活动，但已转向听读合一：家庭成员常共聚花园或大厅诵读传奇故事和史诗，教徒在教堂礼拜仪式上诵读《圣经》，师生在大学课堂上开展公共阅读等。此时，一部分人认识到私人化的静默阅读是一种虔诚和严肃的沉思，默读逐渐兴起。随后，印刷术的诞生，尤其是古腾堡活字印刷技术的出现，掀起了阅读领域的革命，书籍越来越多、内容越来越丰富、价格日渐亲民、大众识字率提升、读者群体规模日益壮大，图书由此成为大众消费品。而当今信息时代，在数字化设备与内容的支撑下，突破了时空限制，最大可能地为读者提供海量、及时的可读信息，改变了传统阅读习惯，提升了读者体验。

阅读经历了由"少数人的特权"到"所有人的权利"这一漫长过程，阅读方式也逐渐由字斟句酌、砥砺研思的精读转变为广泛涉猎、获取新知的泛读，人类的阅读需求也在或主动或被动地不断探寻开发中。从西方阅读史的发展脉络来看，数字阅读只是信息时代阅读的新形态，并以其广泛普遍、免费易得、注重用户参与体验等特点大受读者追捧，而阅读的本质并未改变。而且数字阅读与传统阅读之间也并非决然对立，更多的只是一种分立，正如同印刷本的出现并不排斥抄写本。以发展的视角来看，数字阅读与传统阅读或许只是新旧事物在彼此矛盾共生过程中争夺生存空间的较量。未来的阅读形态又会发生什么样的变化，我们不得而知，但相信数字阅读也并非人类阅读历程的终点。

二、内容+渠道：重塑阅读的未来

数字阅读是技术文明送给人类的礼物。从早期的以甲骨、金石、竹帛为载体到纸本书的普及，再到现今数字阅读华丽来袭，阅读媒介作为承载知识信息的航船，从未停止升级进化的步伐。从进化论角度言之，其动态进化的生存状态正是不断适应日新月异的人类环境的表现。但不论载体等外在形式如何变化，本质内容不变，正如同查理·安德森所说："印在纸上还是放在屏幕上并不重要，重要的是我们依然有书可读。"

如果说"阅读=内容+载体"，即阅读是经过加工处理的信息依附于合适的载体呈现给认识主体，使主体能理解并获得相应的信息，那么在以数字方式呈现的阅读环境下，内容载体统一为各种用户客户端。此时，拥有内容的传统出版企业和拥有渠道的平台互联网企业就显得异常重要。其中，内容是阅读的核心，不论是纸质文献数字化或是原生数字内容，都是孕育人类智慧的结晶、传承思想血脉的基石。而渠道则是数字内容传播和获取的方式，主要体现为网络信息传输，针对不同喜好的目标用户进行内容细分、精准推送和增值服务，它将是数字出版行业今后发展的趋势。

数字技术的发展及诸多社会因素综合作用带来了阅读方式、阅读需求、阅读习惯等的变化，未来的阅读内涵将进一步扩大。传统阅读中的纸质出版物，依然可以凭借其装帧、版式、印刷文化底蕴等，给读者以古典人文的体验，而不会消失。电子书和网络阅读则会在内容和体量上越来越丰富，且更加注重用户体验和智能化、个性化的服务，同时，以技术和方式创新为支撑，不断适应用户变化着的各种阅读需求。除了文本信息之外，数字音频、视频等作为阅读体验的选择也会进一步整合、推广，高雅音乐、美妙旋律、有声读物、电影电视、视频讲座、公开课等也会成为阅读文本的补充，它们各自独立或相互组合，为读者打造立体阅读体验。此外，传统单向度的阅读方式也会逐渐被互动阅读、主动学习所替代，美国《时代》周刊 2006 年年度人物为"互联网上内容的所有使用者和创造者"。社交网络等自媒体（见图 1-3）的流行显示这种自主、开放、互动式的交流平台大受欢迎，自主创建内容、交互传播信息的方式强化了用户的自主性，提升了用户参与度，成为数字内容网络体系中内容生产、接收和传播的节点。

图 1-3 网络阅读新宠之社交网络

图片来源：社交网络 [EB/OL].[2015-04-28].http://latinlink.usmediaconsulting.com/wp-content/uploads/2012/12/Social-media.jpg.

三、阅读本质的回归

阅读到底是什么？该如何定义？彼得·瑞德帕兹认为，整个阅读过程就是剖析文中词句来理解作者意图的行为。[①]《中国大百科全书》（教育卷）"阅读心理"条目中提到，阅读是一种从书面语言中获得意义的心理过程，也是一种基本的智力技能，它是由一系列过程和行为构成的总和。曾祥芹、韩雪屏认为，"阅读是读者从写的或印刷的书面材料中提取意义或情感信息的过程"[②]。王余光、徐雁认为，阅读是"一种从书面语言和符号中获得意义的社会行为、实践活动和心理过程，是读者与文本相互影响的过程"[③]。虽然大家给"阅读"下的定义各不相同，但阅读的本质离不开阅读主体对客体意义的获取，读者通过积极主动地认识、解读信息数据，获得感知、体验、知识等。

不论阅读的内容、质量、形态发生何种变化，不能否定的是"在阅读中读者扮演上帝的角色"。认知活动是人类主体之于客体的能动性反映，阅读信息的接受是认识主体与阅读对象之间的交流与持续建构，而对阅读内容的选择、理解及转化很大程度上取决于作为认识主体的人。人在数字环境下的应对方式显得尤为重要，包括能否不被其他信息干扰，自觉自律联网工作、学习；合理应对鱼龙混杂的网络信息环境，迅速查找到所需要的信息资源，提升识别与分辨能力，选择真实可信的内容；适应快速浏览、海量存储的信息环境，在广泛接收信息的同时深入思考等。因此，质疑数字环境下阅读深浅、阅读习惯、思维方式等问题，并将这些问题归咎于媒介变革和阅读形式的变化是不恰当的。而与此相对的，读者在接收便利、新奇的阅读体验的同时，应积极发挥阅读主体意识，尽快适应数字环境，注重自身对阅读内容的消化和把握。

1988年，知名组织理论家罗素·艾可夫在其就任国际一般系统研究学会（International Society for General System Research）的主题发言中，勾勒了"数据—信息—知识—智慧（DKIW, Data-Information-Knowledge-Wisdom）"金字

---

① 〔美〕彼得·A.瑞德帕兹著.查连芳，陈勋远，译.阅读的革命——怎样读难懂的书[M].北京：中国科学技术出版社，2001：25.
② 曾祥芹，韩雪屏.阅读学原理[M].郑州：大象出版社，1992：273，22.
③ 王余光，徐雁.中国读书大辞典[M].南京：南京大学出版社，1993：337-338.

塔层级模型。①信息时代下，我们轻易地将任何想法、资料发布在巨大且松散链接的网络体系之中，我们每日接触的数据体量惊人，位于金字塔的底层。数据经过组织、整理、利用，成为信息，层级变高一层。然而信息只有经过个人认识、积累、逻辑加工才能成为知识。而阅读正是从信息到知识的重要途径，通过阅读获取文本意义，并通过人脑将零散的信息片段整合为知识甚至智慧。

其实，刻意探求阅读的本质或意义，难免落入以目的为导向的窠臼，减损阅读本身蕴含的无穷乐趣。阅读本无意义，阅读行为的发生可等同于人类呼吸，它应当发生在每一个当下，成为生活的一部分。我们常常看到的美言佳句——"阅读，是心灵的旅行"，或许可以改成"阅读，是心灵的流浪"，阅读可以没有方向、没有规则，甚至没有终点，是完全出于旨趣的自发而为。陶渊明在《五柳先生传》中以自况云："好读书，不求甚解；每有会意，便欣然忘食。"该语可能正有此意——抛开任何功利性目的的阅读，旨在发现阅读中的乐趣，心灵回归自然，阅读回归生活。

第五节 图书馆在数字阅读时代下的坚守与思考

一、图书馆应理性看待数字阅读

数字阅读时代的来临无可争议，而作为有机生长体的图书馆，必须适时跟上数字化变革的潮流，充分利用新兴的数字化技术，升级改造图书馆的馆舍设备，为数字阅读提供良好的物理环境和外在条件，使其作为一个空间存在的重要价值持续凸显。在智慧城市建设进程中，图书馆作为人类信息交流的重要节点，通过接入网络，并向社会公众提供电脑、笔记本、Pad 等各种终端数字设备和包括电子书、数据库等各种数字内容，积极开展信息素养教育和计算机技

---

① 戴维·温伯格著. 胡泳，高美译. 知识的边界[M]. 太原：山西人民出版社，2014：03.

能培训等,对弥补数字信息鸿沟、保障公民信息权益有相当重要的作用。因此,图书馆依然有其长期立足于数字时代的合理性。

传统阅读中的纸质文献仍然是图书馆馆藏资源建设的重要内容。一方面,书的纸质、油墨、版式、装订等外在形态,以及书的版本、印刷、制作工艺本身就是阅读和历史的重要部分;另一方面,纸本文献作为一种阅读体验仍在适应着一部分人的需求,触碰和翻阅纸张的阅读习惯仍然被一部分人所钟爱;此外,图书馆作为收集保存人类知识文化遗产的重要机构,对能长期承载知识信息的纸本文献的保存责无旁贷。正如同哲学家波普尔提出的思想实验观告诉我们,即便所有机器、工具甚至我们的主观知识被全部毁坏,只要图书馆和人类学习知识的能力仍存在,世界依旧能转动。

与此同时,数字阅读与传统阅读也并非决然对立,两者互为补充并将长期共存,共同服务于多样化的用户需求。在充分保存和保障传统纸质文献的基础上,图书馆也应当增强数字资源馆藏的建设,对馆藏资源进行数字化描述和信息揭示,将特色资源数字化,如建设特色数据库、网站等,按需采集数据库、电子书、网络资源等内容;积极参与社交网络媒体,与读者交流互动、内容分享等;开展移动阅读服务,结合移动阅读的热潮,开发相关移动应用程序,向用户移动终端推送图书馆的资源和服务;根据读者阅读喜好和阅读习惯进行用户群体分组,开展数字信息订阅、智能推送等服务,为读者及时匹配需求信息。

二、图书馆核心价值的坚守

澳大利亚图书馆和信息协会 2002 年公布的图书馆核心价值包括:保证自由开放地获取知识的记录、信息、创作;促进人们的思想交流;致力于提高人们的信息素质和提供学习资料;尊重读者的多样性与个性;保存人类记录;为我们的成员提供借出的专业化服务。国际图书馆协会联合会于 2003 年通过图书馆的核心价值,包括四个方面的内容:认可包括在《人权宣言》第 19 条中的自由获取信息、思想、想象力作品的原则,以及表达自由的原则;人们相信,为了他们的社会、教育、文化、民主和经济的健康发展,社区和组织需要普遍而平等地获取信息、思想、充满想象力的作品;我们确信,提高质量的图书馆和信息服务能确保其有效获取;承诺使所有参与 IFLA 的成员参与并从中获益,而不论其公民身份、残障、种族、性别、地理、语言、政治哲学、种族或宗教。[①]美国图书馆协会 2004 年通过的图书馆核心价值,包括 11 个方面的内容:使用、隐私权、民主、多样性、教育与终身学习、知识自由、保存、公共利益、专业能力、服务、社会责任。

随着信息技术的发展变迁,图书馆的生存环境也在发生着翻天覆地的变化,如何在信息时代顶住压力,沉稳应对挑战,探索和坚守图书馆的核心价值,也成为国内学者关注和热议的重要命题。其中,收集、整理和保存人类文化遗产,促进知识信息交流,平等、包容,保障公民获取信息的自由,开展专业化、多样化、个性化、智能化的服务等依然是数字环境下图书馆坚守的。从古代重藏轻用的藏书楼发展到近代真正意义上的公益性图书馆,"智慧与服务"始终是公共图书馆核心价值的体现。因此,建立完善的知识信息保存体系,保持与社会发展的相关性,开展多样化、适应性的服务活动,才能永葆图书馆的生机和活力。

三、图书馆未来的方向

图书馆是民主政治的产物,是国家及政府为保障公民知识权利而选择的制度安排之一。作为一种公共制度,图书馆是社会公共信息中心,能保证公民自由获取信息、平等使用信息等方面的权利。它通过调节知识或信息的社会分配,在一定程度上维护社会公正。从此角度看来,作为制度安排的图书馆必将长期存在,而不会因为任何现代化、数字化、网络化的冲击而分崩离析。随着信息

---

① 黄宗忠. 论图书馆核心价值(上)[J]. 图书馆论坛,2007(6):3-8.

贫富分化差距进一步扩大，数字鸿沟问题越发凸显，图书馆必将在其中发挥越来越重要的作用。

图书馆作为社会信息中心、社区活动中心，应调查和探索用户信息需求，并对用户需求进行分析，通过开展专业化的信息服务，充分有效地传递知识信息，满足用户需求，提升用户信息素养和技能，引领积极、文明、健康的生活方式。积极推广馆内资源，促进社会阅读的开展，为增强社区凝聚力、促进社会良性互动、营造书香社会做出应有的贡献。越发重视对弱势群体的支持和辅助，维护社会公平正义，提高普通民众生活幸福指数。

数字阅读更加注重读者的阅读体验和个性化需求，由此引发了大家对以"内容为王"向"用户为王"蜕变的思考，用户体验上升到重要位置，如何以更加新颖、富有智慧的方式提升用户体验、感知，成为更加重要的问题。不论是触屏阅读、滑屏翻页等不同阅读方式，还是立体书、有声书、动画书等不同阅读形式，还是改变传统单向接受转为互动交流、公开共享，都能给用户带来不同的阅读体验。而不同用户的阅读需求各有差异，根据用户兴趣、习惯，在最短时间内找到合适匹配的阅读内容，势必会增进社会信息的交流转化、提升用户满意度和生活品质。

附 文

美国未来图书馆中心（Center For the Future of Libraries）是致力于预见图书馆及其事业发展趋势的机构。它认定了图书馆的19大未来发展[1]：

老龄化（Aging Advance）——人口结构老龄化势必会改变众多发达国家，影响工作地点、政府预算、政策、家庭生活，甚至更多方面。

匿名性（Anonymity）——互联网交流的特点，被各个应用程序（如Whisper, Secret）和论坛（如Reddit）利用，允许用户私密分享信息。

---

[1] 据 ALA 网站发布的 *Library of the Future.Trends* 翻译，详见 Library of the Future.Trends[EB/OL].[2015-04-28].http://www.ala.org/transforminglibraries/future/trends.

第一讲
数字阅读："滑"时代的阅读转型

徽章（Badging）——尤其是数字化徽章，能在鉴定个人成就、技能、品质或兴趣等方面发挥作用，且能有助于确立目标、激励用户行为、代表个人成就，还可用于学校、专业领域或日常生活中交流成功经验。

团体效应（Collective Impact）——在有限的资源和长久发展的矛盾状况下，面对重大社会问题（饥饿、贫困、暴力、教育、健康、公共安全、环境问题），社区内部来自不同部门的组织采用共同的议程来对抗这些问题。

联网学习（Connected Learning）——社会媒体或数字化媒体通过网络使学生和全世界的年轻人互相连接，并将他们与正式或非正式教育工作者联系起来，为其寻找和掌握新知识提供无限机会。联网学习是"高度社会化、兴趣驱使的，并以教育性、经济性和公民机会为导向"。

无处不在的数据（Data Everywhere）——数据收集和管理并非新趋势，但新技术已经大大提高了收集、存储和分析用户数据以及个人信息的机会。移动设备、联网设备和应用程序的爆发式增长，极大提升了数据收集的可能。随着数据的增加，企业和组织可以利用信息开发产品和服务，提升营销、增进交流，提高信息货币化程度。

数字原住民（Digital Natives）——指出生或成长于数字世界（1980年以后）的儿童或年轻人，可能在工作、学习和交流中与早一代中出生的"数字移民"有所不同。

无人机（Drones）——将成为日常生活中的一部分，并被运用于研究、交通运输、传送、艺术生产、新闻报道和报告、执法机关和监测以及娱乐之中。

成人初显期（Emerging Adulthood）——指十八九岁到二十多岁的年轻人，在更加富裕的国家，这一阶段的年轻人会花更多时间搬离他们父母的家，独立求职、结婚和生养子女。

翻转学习（Flipped Learning）——或称"翻转课堂"、逆向教学等，即学生通过视频讲座观看在线内容，老师与学生在课堂的时间共同工作并解决问题。

游戏化（Gamification）——游戏化和基于游戏的学习，在教育性的和专业性的设置中显示出越来越强烈的适应性和认可度。

物联网（Internet of Things）——将小型的计算和无线电设备内置于实体内，可以感知和传输数据，提高实体之间的控制力和连接性。

创客运动（Maker Movement）——DIY者、小发明家、黑客、企业家以及有兴趣的学者在为探索自己的创业路径寻找机会。创客们利用新技术和传统的手工工具的易获得性，提升社区成员之间的交流，开拓市场新途径（分享经济、电子商务、众包等）。

隐私转移（Privacy Shifting）——社会和个人对待隐私的方式将产生变化，特别是技术对个人信息的挖掘越来越多，个人隐私会变得越来越少、廉价和易获得。人们需要将个人隐私的重要性与新技术的便利两者相平衡。

恢复力（Resilience）——指对物理、社会和经济冲击，如环境灾难、恐怖袭击或经济崩溃的快速恢复和应对能力。

机器人（Robots）——机器人将脱离工业及工厂设备，进入到日常工作、教育、研究和生活空间。这些写作机器人将越来越多地参与重复工作并与人类一起工作。

分享经济（Sharing Economy）——传统的所有权模式正在发生变化。分享经济（也被作为协同消费或对等消费），通常利用社会技术，帮助用户分享资源、商品、服务甚至技能。

不插电（Unplugged）——在信息和技术无处不在的环境中，拔掉电源的机会变得越来越重要，并有益于专业及个人经历。

城市化（Urbanization）——越来越多的人会移居到城市地区，导致城市区域的扩大和近郊区域的城市化，或者近郊区域与大都市地区之间产生更大程度的整合。

思考题

1. 简述数字时代下传统纸质文献资源的地位和价值。
2. 数字阅读有哪些利弊？数字阅读给图书馆带来哪些机遇与挑战？
3. 阅读的本质是什么？读者应当如何应对？
4. 数字时代下图书馆应如何保持与时代发展的相关性？

第二讲

解密数字阅读

卢兆飞[*]

数字阅读是一项复杂的人类活动。从广义上讲,凡是利用数字媒介进行的阅读都可称之为数字阅读。这个定义涉及对"阅读"和"媒介"的界定,诸如阅读主体、阅读目的、阅读内容、以何种介质进行阅读、阅读内容的存取与拥有、读者阅读行为等,这些问题在传统印刷型媒介中,要彻底说清楚已属不易,现在又增加电子媒介,问题就更加复杂。有些人认为,阅读内容重要;有些人认为,怎样阅读才重要。视角的差异,导致关注的侧重点有所不同。

世界信息技术的迅猛发展,使社会发生了深刻转变。互联网时代的到来,似乎为开拓公共知识空间提供了新的机遇。但是,这是否意味着我们能够平等、自由、普遍地获取知识,最大限度地促进人类思想交流呢?

本讲试图从数字阅读方式,数字文献的来源、利用和保存,用户的数字阅读行为等方面,揭开数字阅读的"神秘面纱"。

第一节 阅读方式的转变

一、新型阅读方式阅读的兴起

2009 年,上海图书馆在全国图书馆界率先尝试向读者提供电子书阅读器外

---

[*] 卢兆飞,东莞图书馆馆员,研究方向为图书馆史、书史书话等。

借服务。当时可供外借的 300 台电子书阅读器一经推出，很快被读者借"空"。[①]这一崭新的服务方式，让图书馆界同行惊羡不已，也让一部分读者体验到了图书馆"触电"的感觉。尽管上海图书馆这一惊人之举，在后续的服务推广中存在着一些问题，如预算的约束、电子书阅读器厂商与电子书内容供应商的局限性等，使其难以被全国绝大多数图书馆所效仿，但是这一服务本身关注到读者当前日渐兴起的数字阅读需求，我们无疑该为其点个"赞"。

在我国，数字阅读方式的兴起，其实已不是一朝一夕的事情。早在 20 世纪 90 年代初期，一些刚接触互联网的人就已经开始使用计算机网络来收发电子邮件（e-mail）、浏览网页。IM（"即时通讯"，相关软件如 MSN、QQ、Skype 等）的风行，使网民人数大幅度上升。搜索引擎技术的发展和各种 Web2.0 技术（如 RSS、Blog、Wiki、Open Source 等）的广泛应用，加速了人们之间的信息互通。各种电子书、电子报刊、知识库，如雨后春笋般不断涌现。2000 年以来，形态各异的电子阅读设备相继问世，诸如苹果公司的 iPad、亚马逊公司的 Kindle、索尼公司的 SonyReader、荷兰 iRex 公司的 iLiad 等。这些国际主流电子书阅读器的风靡，在世界上掀起了一股强劲的数字阅读热潮。脸书（Facebook）、聚友（MySpace）、微信等社交网络的兴起，更激发了社会大众空前的"触网"热情。与此同时，世界范围内大规模的纸质图书数字化工作，在谷歌公司的引领和冲击下，也在紧锣密鼓地进行着。如今，在许多国家的地铁上，年轻人利用各种阅读工具进行数字阅读的景象随处可见。全球信息基础设施的推进，全球数字图书馆的兴起，所有这一切，都让人振奋不已，似乎在网络世界中，信息与知识离我们仅一步之遥。

社会信息化、数字化在很大程度上改变了人们的生活方式。相关调查数据也证实了这一点。2007 年，联机计算机图书馆中心（OCLC）发布了一份名为《网络社会中的分享、隐私与信任》的研究报告，报告的调查范围包括加拿大、

---

① 东方网. 上图 300 台电子阅读器供不应"借"求"增援"[EB/OL]. [2011-08-17]. http://whb.eastday.com/w/20110817/u1a911712.html.

法国、德国、日本、英国、美国等六个国家，采访对象共 6163 人，年龄分布在 14~84 岁之间。报告显示：利用互联网的人数超过四年或以上的占 90%，超过七年的占 50%；搜索引擎的利用比例已从 2005 年的 71% 增加到 2007 年的 90%；e-mail 的使用率占 97%；在线浏览或购物占 55%；博客的利用率占 46%；社交网络的利用率为 28%。① 根据中国互联网络信息中心发布的《2014 年中国社交类应用用户行为研究报告》的数据显示：截至 2014 年 6 月，三大社交类应用中，即时通信在整体网民中的覆盖率最高，为 89.3%；其次是社交网站，覆盖率为 61.7%；再次是微博，覆盖率为 43.6%。② 2015 年 4 月 20 日，由中国新闻出版研究院组织实施的第十二次全国国民阅读调查成果显示，2014 年我国成年国民数字化阅读方式（网络在线阅读、手机阅读、电子阅读器阅读、光盘阅读、Pad 阅读等）的接触率为 58.1%，较 2013 年的 50.1% 上升了 8 个百分点。③

正如戴维·温伯格在《新数字秩序的革命》中说："每一天，我们越来越频繁地生活在那个世界里。它的名字叫作数字世界。"④

二、数字阅读会替代纸本阅读吗

数字阅读方式的兴起，会不会彻底颠覆人们的阅读生活？纸质书会消失吗？这些问题，与"未来的图书馆"话题一样，曾引起无数人的激烈争论。在明白人看来，关于一项新事物的预测，往往是"说不准的"，历史有可能会开玩笑，朝着与当初预言相反的方向发展。比如，美国著名图书馆学家兰开斯特 1978 年在《通往无纸化信息系统》一书中曾说，未来我们可能会出现"无纸化办公"的现象。但事实证明，纸张不仅仍然存在，而且在办公机构中的使用量呈上升的趋

---

① Online Computer Library Center, Inc. Sharing, Privacy and Trust in Our Networked World[EB/OL]. [2007-12-7]. http://www.oclc.org/reports.en.html. 本语段由作者翻译。
② 中国互联网络信息中心. 2014 年中国社交类应用用户行为研究报告 [EB/OL]. [2014-08-24]. http://www.cnnic.cn/hlwfzyj/hlwxzbg/sqbg/201408/t20140822_47860.htm.
③ 中国新闻出版研究院. 第十二次全国国民阅读调查数据在京发布 [EB/OL]. [2015-04-20]. http://cips.chinapublish.com.cn/kybm/cbyjs/cgzs/201504/t20150420_165698.html.
④ 戴维·温伯格. 新数字秩序的革命 [M]. 张岩译. 北京：中信出版社，2008：XII

势。据一项研究发现，在那些使用电子邮件功能的办公机构中，纸张的使用量增加了40%。[①] 历史是不是跟兰开斯特开了个大玩笑？

关于数字阅读会替代纸质阅读的预言，情况很有可能与"无纸化办公"的情况类似。因为直至今天，我们尚没有充分的证据证明数字阅读方式一定比纸质阅读好，更毋说替代。世界上一些著名的图书馆学家和人类社会学家，他们的研究观点和成果也证实了这一点。

数字图书馆界有一位开创性人物——克里斯廷·L.博格曼，在《从古腾堡到全球信息基础设施》一书中，曾对数字载体与纸张载体做了一些比较："1. 与纸张和缩微胶卷相比，数字载体的寿命非常之短。印刷在无酸纸上的文献如果保存在低温、低湿度的存储条件下，可以存续长达几百年的时间。而且，纸张仍然是可以'用肉眼看到的'，不需要任何特殊的设备。……数字信息是不能'用肉眼看到的'。如果没有适当的技术设备来运行、显示或以其他方式使用其内容的话，我们就会失去这些信息。2. 人们阅读文献时更喜欢采用纸质载体，而不是电脑屏幕……对于那些选择纸张载体是因为其低廉的成本和印刷复本的方便性的人来说，打印可能是其唯一的选择。相对于纸张载体来说，电子装置价格昂贵、体积笨重不便携带、容易被盗，而且由于在印刷复本时要重新创建应用环境，以致需要较长的时间。电子装置必须有某种电源，有时还需要加以维修。"[②]

美国图书馆协会前主席戈曼认为："在许多领域中，都有'科技狂'（Technolust），而图书馆学也不例外。这些人以为新科技一定比旧科技好，并且新科技将会取代旧科技。其实，有许多新科技的应用是失败的。在新科技应用成功的案例中，新科技只是增加选择而不是取代旧科技。在传播媒介中，电影院的产生，并没有让剧院消失，电视也没有让电影院消失。信息高速公路可

---

① 克里斯廷·L.博格曼. 从古腾堡到全球信息基础设施[M]. 肖永英，译. 北京：中信出版社，2003：111.

② 克里斯廷·L.博格曼. 从古腾堡到全球信息基础设施[M]. 肖永英，译. 北京：中信出版社，2003：116–117.

传播动画，但不会取代录像带的功能。同样的，数字化传播也不会完全取代印刷品。"

戈曼的观点与哥伦比亚大学人类社会学家威廉·费尔丁·奥格本的研究成果，颇有"英雄所见略同"的意味。奥格本在其名著《社会变迁——关于文化和先天的本质》一书中曾说道："人类物质文化的发展有一个选择性积累的过程。……物质文化积累中的选择性并不意味着所有旧的形式都要失传。一般仅是某一群体或群体的一部分放弃了它们，在别处它们可能依然存在。人们开始使用蒸汽机从事工业生产，但他们并不放弃农业。开通了铁路并不需要完全废弃运河。汽车也不能完全取代马。某一社会群体可能完全放弃了旧的形式而代之以新的，而其他社会群体则可能继续使用旧的形式。这意味着，原来仅有一种方法，现在则有两种方法进行活动。这个过程表明，物质文化将逐渐变得多样化。从这个角度来说，正因为物质文化是选择性积累的，现在社会才会如此复杂、异质性如此之强。"①

从上述几位大师的理性思考中，我们应当能感受到，有关"数字阅读替代纸质阅读"的言论，未免说得太早。现实的发展证实纸质阅读并没有被数字阅读替代，纸质阅读反而有反弹的趋势。2014年，根据尼尔森图书公司发布的《全球图书市场报告》前八个月的监测数据，全球图书消费市场信心在不断增长，美国、印度、澳大利亚三个国家纸质图书销量同比上升，其中美国增长1.3%，澳大利亚增长1.6%，印度增长3.1%，而1~6月中国纸质书零售市场增长了8%~10%。②相反，全球电子书销量呈现平缓下降的趋势，电子书设备的销量也在下降。目前在全球图书市场份额中，电子书所占总比例还不到30%，未来电子书市场还存在着许多的变数。正如上海图书馆刘炜所说："目前国内图书馆的数字阅读服务还处于一种'传统阅读'服务的延伸和'新技术'的体验阶段。

---

① 威廉·费尔丁·奥格本. 社会变迁：关于文化和先天的本质 [M]. 王晓毅, 译. 杭州：浙江人民出版社, 1989：39.
② 尼尔森公司. 2014全球图书市场报告 [J]. 出版人, 2014（11）：19-22.

数字阅读何时成为图书馆的主流服务还有一段路要走。"[1]

也许，纸质阅读与数字阅读相互补充、相互促进，才是一种正常的发展态势。

第二节　数字文献的生成、利用与保存

数字阅读，读什么？从图书馆的角度来讲，我们关注的是数字阅读内容的生成、获取、利用与持续保存。数字文献是一种以电子介质为载体的特殊的"书"。我们对这种"书"究竟了解多少？

"书"是图书馆开展好服务的基础。图书馆界长期盛传这么一句话："为人找书，为书找人。"此话可作为此行业最简明最精辟的表述。问题是，什么是书呢？

一、"书"是流动的生命体

信息是流动的，知识也是流动的。正因为它们的流动，人类才得以在社会交流中不断向前发展。"书"，无论是纸质图书，还是电子图书，都是人类的文化成果。"书"自其生成之日起，就是一个半成品，另一半由使用它的用户来完成。

人们习惯上将书视为一种物质的实体。"图"为绘画的表示，"书"为文字的记载，"图书"两字合成古今典籍的通名。就知识方面而言，图书其实是一种不稳定的物品。因为它是人类智慧的产物，会随人的性格和情趣上的差异而变化。甚至同一本书对同一个人而言，在不同时期，其意义也会有所不同。

数字时代，"书"的内容被转化成比特（BIT），似乎让人感觉不到它的存在，

---

[1] 中国经济网. 上海推图书馆电子书外借服务 图书馆走向数字化[EB/OL]. [2013-06-20]. http://www.ce.cn/culture/gd/201306/20/t20130620_24497743.shtml.

实际上它离不开实物载体。正如马塞尔·普鲁斯特所言："我们生命中每一小时一经逝去，立即寄寓并隐匿在某种物质对象之中。这一对象如果我们没有发现，它就永远寄存其中。我们是通过那个对象来认识生命的那个片刻的，我们把它从中召唤出来，它才能从那里得到解放。"①

有的人说书是一个个的"注意力单元"，也有的人说它是一个个的"意识流单元"。睿智的人会把书看成是一面镜子，透过它来注视人类自身——无论是人类的智慧还是愚蠢。日本设计家杉浦康平说："书是包含着时间和空间的媒介，上面记载着文字或绘画，是一个变化流动的生命体。……书反映着宇宙各种事物，人的思想，人的一生，世界的千姿百态。"②

二、数字文献的来源与局限

数字文献是如何生成的？数字阅读的内容从何而来？它又有哪些局限性？这是我们深度揭秘数字阅读的关键问题。

（一）数字文献的来源

一般而言，数字文献的来源主要包括两大类：一类是"数字的"，即那些最初以电子文本或电子录像等数字形式生成的事物；另一类是"数字化的"，诸如把纸张或胶卷等其他媒介扫描复制或转化为数字形式的事物。"数字的"文献来源广泛，包括通过电脑手机键入的文字，用数码相机拍出的图像，通过电子合成的音乐、视频，各种电子出版物（电子期刊、报纸、杂志等）和电子邮件，等等。这些形态不一的数字文献，按照一定的组织方式，分布在各种数字图书馆、数据库、知识库当中，连接起来就形成了庞大的网络信息资源。

由各种机构创建的数字图书馆，毫无疑问，是数字阅读的重要来源。范并思先生在《20世纪西方与中国的图书馆学》中曾写道："数字图书馆是社会已经

---

① 马塞尔·普鲁斯特. 驳圣伯夫 [M]. 王道乾译. 上海：上海译文出版社，2007.
② 杉浦康平. 造型的诞生 [M]. 李建华，杨晶，译. 北京：中国青年出版社，1999：163.

较清楚地了解了一般网络信息服务的优点与缺点以后才出现的,它是人们有意识地将网络信息服务技术与现有图书馆的基础体制和核心能力(包括信息处理技术与信息服务精神)结合起来的产物。"[1]数字图书馆中的信息内容,经过相关专业人员有效地分类组织与优化控制,与互联网上庞杂的数字信息相比,它的准确性更高,稳定性更强。

(二)数字文献的局限

数字图书馆出现的时间较短,与源远流长的纸质文献世界相比,它的信息含量比较单薄。现有信息中,只有少部分是以电子形式存在的。印刷型文献经过了数百年甚至数千年的积累,绝大多数保存在图书馆、档案馆、博物馆、政府机构或私人手中,它们中很多并没有进行数字化。互联网上的信息,没有多少是与图书馆等机构收藏的内容重复的。所以,数字文献的知识沉淀是不足的。

在互联网世界里,文献的生成摆脱了纸张的束缚,早已变得面目模糊,让人难以辨别。文献内容被数字化成比特,文献中的每一个字节被互相耦合、链接、引用、摘录、排序、分析、注释、混合、重组,形成了一张错综复杂的网络。

当今科技的发展趋势,正在逐步迈向"智能制造"时代。智能机器人的出现,也许会再一次颠覆未来的阅读景象。一旦智能机器人具备人类独有的读写能力,那么以后我们所读到的文献,很有可能就是它们的产物。现实中,这样的现象已经出现。"福布斯网站早在两年前就已经启用 Narrative Science 的程序自动生成财经新闻。2014 年初洛杉矶 4.7 级地震的第一个报道者就是一位机器人记者——Quakebot"[2]。所以,难怪有人会发出"机器人写新闻,记者吃什么"这样的疑问。可以预见,未来以智能机器人和算法为基础的自动化写作服务将

---

[1] 范并思等. 20 世纪西方与中国的图书馆学:基于德尔斐法测评的理论史纲 [M]. 北京:北京图书馆出版社,2004:143.

[2] 陈赛. 机器人写新闻,记者吃什么 [EB/OL]. [2015-01-29]. http://www.banyuetan.org/chcontent/wh/pd/2015128/124117.html.

会日益完善，机器人"写作"将会渗透到人们生活中的各个角落。就像马丁·斯科塞斯执导的电影《雨果的巴黎奇幻历险》中展示的那样，机器人能写、能画……这样的景象，离我们并不远。

图 2-1 机器人"作家"工作中

图片来源：澎湃新闻，《纽约书评》一步一步告诉文科生：机器人和算法如何统治人类[EB/OL].[2015-04-09]. http://www.thepaper.cn/newsDetail_forward_1318731.

数字时代的到来，特别是 Web2.0 技术的兴起，让很多网民振奋不已，互联网世界掀起了一场"集体狂欢"。

就拿维基百科来说，这个基于维基技术的全球性多语言百科全书协作计划，因其允许任何人通过浏览器对内容进行浏览或公开编辑，促进了用户的广泛参与共建、共享，被称为"自下而上的草根百科全书"。其内容创建可谓用户集体智慧的结晶。严格的内容审查使维基百科上的文章具备相当高的准确性，因此有人将它比作《大英百科全书》。但是，也有一些专家对维基百科表示质疑。例如，戈曼就把维基百科等称为"新联机集体主义"。戈曼对众多的博客作者所写的文章也不甚信任，他称 Web2.0 的兴起是"理性的沉睡"。作为资深的图书馆学家和书目界的权威，戈曼对知识的理解和认知也许更为透彻，他深谙其中的差异，用他的话来讲："印刷出版的学术作品与互联网的无政府主义明显不同，不同之处在于，前者是确信的、固定的，因为有权威的认证；而后者则缺少这样复杂的权威与专业认证过程。"①戈曼虽然惹来了网民的集体"围攻"，但他的观点值得我们深思。

的确，鱼龙混杂的互联网信息，正如戴维·温伯格的著作《新数字秩序的革命》一书所言——"一切都是零碎的"（Everything is Miscellaneous）。在一个人人"自造"的时代，信息泛滥成灾，信息内容的准确性、权威性、安全性，我们都有理由怀疑。不过，信息知识倘若没有经过充分的表达、充分地博弈，又何来真假的辨别呢？

三、"数字图书馆计划"的迷梦

数字图书馆，是数字阅读的重要资源所在。为了使世界范围内的人们平等、自由、普遍地获取知识，缩小"数字鸿沟"，世界上许多国家都在进行着大规模的"数字图书馆计划"。

全球性的数字图书馆热产生于20世纪90年代初，当时最具影响力的项目莫过于美国国会图书馆的"美国记忆"（American Memory）和中国国家图书馆国家数字图书馆计划。

2004年，谷歌推出"数字图书馆计划"，引发了全球性的关注。2006年，互联网巨头雅虎、微软和亚马逊在线等，也相继宣布了各自的数字图书馆计划。欧洲的"数字图书馆计划"、中国的"国家数字图书馆计划"、俄罗斯的"国家数字图书馆计划"等大型项目也在紧锣密鼓地进行着。尽管联合国教科文组织致力于促进这些由不同国家和组织主导的数字图书馆计划之间进行合作、共建、共享，但由于各国组织在文化和利益关切方面存在着诸多的差异，这些"数字图书馆计划"之间基本上是呈"分裂"的状态，谈不上无缝式链接。这对于寻求跨界的求知者而言，无疑是壁垒重重。无边界的知识获取，依然像一个迷梦。

---

① 游园. 理性的沉睡 [J]. 新华书目报·科技，2007（19）.

其实，这也正是全球文化多元化、分裂化的一个缩影。我们从下面所述的谷歌"数字图书馆计划"，即可清楚地看到这一点。

2004年8月，谷歌推出"Google Print"（后来改名为"Google Book Search"）的一项新服务，开始在全球范围内开展大规模的纸质图书数字化工作。最初，谷歌宣布与哈佛大学等五所大学和机构合作，对这几个图书馆的馆藏图书进行扫描，提供给用户进行免费搜索，此举一出，受到了全世界网民的追捧，却没料到惹了一身官司——美国出版商协会将其告上法庭，并且这场官司一打就是好几年，至今余波未息。如火如荼的谷歌"数字图书馆计划"不只在美国遇到麻烦，在德国、法国等欧洲国家也引来了一片反对声音。时任法国总统的希拉克甚至要求建立法国国内的搜索引擎,实施法国"国家图书馆数字化计划"，以抵制谷歌"只手遮天"的独家垄断。2010年,谷歌在中国也遭遇了"滑铁卢"，宣布正式退出中国大陆市场。谷歌的计划受阻，除了各国版权的利益争端外，还有深层的文化冲突和文化安全问题。

从谷歌"数字图书馆计划"一波三折的案例，我们可以看出，全球范围内的知识共享、内容获取,其程度之复杂,远非一般人所能想象,它涉及政治、经济、法律、社会、文化、科技等诸多领域。在一些信息基础设施薄弱、教育水平较低的国家和地区，全球信息资源的内容获取可能还面临着更多的限制，以及信息不平等、数字鸿沟日益扩大等问题。

全球数字图书馆资源共建、共享，无边界的知识自由获取，这个梦想如果有一天真能实现，那无疑将是人类的福音。

四、影响数字资源利用的关键因素

数字文献生成以后，如何才能通过网络世界有效地实现信息获取呢？一般来说，影响用户信息获取的关键因素包括以下几方面。

（一）信息基础设施

信息基础设施有一个形象的比喻，叫"信息超级高速公路"，又称"信道"（Infobahn），它是数字信息流动的渠道，包括电网、因特网，以及随电话系统和诸如光缆、卫星电视之类的相关技术逐渐发展起来的远程通信"智能网"。这是信息资源获取的基础。如果信息基础设施匮缺或者条件太差，对于远程数字信息的访问与获取，便是相当困难，甚至是完全无法实现的事情。

（二）数字阅读终端硬件设备

数字信息以比特的形式存储在一定的数字媒介上，人靠肉眼是看不见的，必须借助特定的硬件设备，如电脑、手机、电子书阅读器等，才能实现读写。

（三）数字阅读软件平台

一般来说，绝大多数内容提供商，会针对各自的产品与服务，推出相应的阅读软件。有的供应商出于利益考虑，还会在阅读权限上进行一些限制，比如要求用户注册登录访问、限制IP字段访问等。此外，电子书格式是否具备兼容性、资源是否支持跨库检索、平台界面设计是否友好等，这些因素都会影响到用户使用。

（四）数字资源组织方式

相对于印刷型文献来说，数字文献的组织方式较为混乱、无序，其突出优点在于人们生产新的文献种类可以提供搜索、分类、显示、文献之间的超链接，以及引用文献与相关全文之间的链接。尤其是网络文献，类型与形式多样，具有很大的不稳定性，加上版权状况复杂等因素，我们对其进行元数据的组织与描述显得较为困难。印刷型文献的分类组织，一般呈线性树状型结构，而网络文献呈无序的网状结构，每个数字节点之间相互连接，在增加信息可见度的同时，也带来信息冗余甚至"信息超载"问题。字节之间的链接层数越多，发现信息的困难就会越大。

（五）经济因素

很多人认为互联网上的一切资料都是免费的，其实不然。许多真正有价值的信息资源的获取，是要付费的。"天下没有免费的午餐"，即便是读者在公共图书馆阅读数字图书馆上的资源这样的事，看似对读者免费，但实际上数字资源的建设费用已转嫁到图书馆机构身上了。奥德里兹科曾提醒我们注意一种现象——"学术出版领域存在着不合理的动机"，它使营利性的出版商可以掌握对知识产权的控制权。某些出版商（商业性和学术性兼有）正在寻求国内和国际方面的法律变革，以便使之对知识产权有更多的控制权。如果他们的努力取得成效，电子出版与今日的印刷式出版相比，对于学术人员、图书馆和期刊读者来说，其价格可能会更加昂贵。① 各种知识库、数据库，在销售环节上也存在着许多"不透明"的现象，在定价问题上也不易确定。电子出版的经济因素极其复杂，它是影响人们公开地获取信息的关键性因素。

（六）用户的信息素养

用户是否具备基本的互联网知识，是否具有使用各种终端设备的学习能力，是否熟悉各种检索工具与检索技巧，是否具备涉及多语种信息获取的外语能力，用户的信息甄别评估能力，等等，这一切都制约着数字资源的利用。

此外，还有一些诸如政治、法律、文化冲突等方面的因素，同样会影响到全球范围内数字资源的获取。一些国家和组织机构出于风险、安全的考虑，对数字信息进行内容的管制、审查或过滤等。最明显的一个例子：谷歌退出中国大陆，中国网民要想自由阅读国外的数字化图书，就没那么容易了；科学技术人员要开展国际性的项目研究，在信息获取上毫无疑问会受到相当程度的影响。曾经在网络上大范围开展"清网"行动之后，许多网民发现百度盘、新浪爱问

---

① 克里斯廷·L.博格曼. 从古腾堡到全球信息基础设施[M]. 肖永英, 译. 北京：中信出版社, 2003：107-108.

等原来可供阅读的电子书资源突然间无法访问了。

由此可见，数字资源的利用，存在着许多不稳定的因素。

五、数字文献保存的挑战

数字文献除了在内容生产、组织利用等方面存在着一些局限性之外，更为困难的是数字文献的长期保存与持续性检索问题。这个问题涉及存储格式、管理流程、管理系统、数据交换、安全机制、应用模型、元数据等诸多复杂因素。

信息技术的快速发展，对数字文献的保存形成了巨大的挑战。

（一）保存介质与硬件设备淘汰速度快

保存数字文献的介质与实现内容读写的硬件设备，老化淘汰的速度越来越快。例如，之前，人们把一些音乐录制在黑胶唱片上，需借助特定的LP洗碟机，才能实现音乐播放。后来，随着磁带、CD、VCD、DVD的兴起，黑胶唱片逐渐淡出了人们的视线，留声唱机成了文物一般的稀有物品。多年前流行的5.25英寸和3.5英寸的软盘，今天已显得过时，我们已经难以找到相应的设备来读取这些媒介。更别说Betamax录像带和卷式影带了，那种播放设备简直是凤毛麟角！介质老化、硬件淘汰，毫无疑问是影响数字文献长期保存的一大难题。直至今天，我们还没有任何证据能够证明数字媒介的保存时间能超过100年。所以，我们必须每隔几年就要对磁性介质（计算机软盘、录音带、录像带和数据磁带等）进行复制，才能确保文献内容的可读性和完整性。

（二）格式不兼容

一个最明显的例子就是Word 2007生产的文件如果在一台只安装了Word 2003的电脑上就没办法实现读写。格式多样的电子书，需要安装相应的软件才能阅览。不同格式的数字文档，如果涉及跨库、跨平台检索等时，格式不兼容现象会明显降低检索效率。

（三）元数据描述上的困难

互联网网页更新速度快，信息动态多变，元数据的提取、描述本来已属不易，加之知识版权状态复杂，这在很大程度上制约着内容的存取。如何判断、选择合适的动态网页来进行保存，这也是个难题。

（四）安全风险

互联网是一个庞杂的开放式网络，它将不同组织、不同地域范围、不同国家，甚至同一地区的不同层次的网络相互连接起来。网络结构日益复杂，网络安全成了日渐突出的问题。连接在网络上的数字文献，有可能受到出于各种目的的黑客攻击，越是价值高的数字信息，遭受攻击或窃取的可能性就越大。随着网络信息的指数式增长，光靠单一组织机构的存储设备，已不堪重负，许多网络信息被分散存储在"云端"设备，但即便是云技术的应用，也不能保证数据不被入侵。此外，数据管理上人为的疏忽或错误操作，也可能会导致数字文献被永久性删除。

总之，数字资源的长期保存和持续检索，还有很多问题尚待解决。目前，国内外已经有相当多一部分人在从事这方面的研究，初步形成了一些阶段性的成果。比如，2003年3月，联合国教科文组织发布的《数字遗产保存指南》，从理论与技术等多个层面对数字遗产保存的问题进行了阐述。但总体来看，涉及数字文献长期保存的相关标准为数不多，关于这方面的完善工作还有很长一段路要走。

第三节　数字阅读用户行为的主要特征

数字文献的生产、组织与保存，最终目的都是为了方便用户使用。所以，我们谈到数字阅读，没有理由忽视用户的存在。用户的数字阅读行为包括诸多方面，比如阅读动机、阅读使用设备、阅读内容、阅读频率等。这些问题，需要进行广泛深入的用户调查，才能有一个基本的了解。

由于用户的阅读行为涉及的内容较多，我们不可能一一兼顾，所以这里仅探讨用户数字阅读行为的主要特征，包括阅读分享趋向社群化、阅读内容呈现碎片化、阅读体验注重个性化等方面。

一、阅读分享趋向社群化

互联网时代，文字和图片以低门槛的方式在网络上四处泛滥，搜索引擎的出现让阅读的主动权逐渐倾斜到读者手中。特别是社交网站的兴起，更加速了读者的群体化倾向。社交网站一般都会为个人用户提供群组功能，用户可以与他人进行内容分享、合作、创建虚拟社区。在美国，"脸书"和"聚友"是两个受欢迎的社交网站。而在中国，2010—2013年，受欢迎的社交网站是"新浪微博"，2014年之后是腾讯"微信朋友圈"。通过这些社交网络，阅读内容可以进行广泛分发，并且针对性极强，人群定位更为精准。"脸书""推特"等社交网络的崛起，很大程度上改变了人们获取内容的方式——人们更多是通过分享而不是搜索去获取内容。BuzzFeed 就是这方面的一个突出的典型。作为一个新闻聚合网站，BuzzFeed 从数百个新闻博客那里获取订阅源，通过搜索、发送信息链接，方便用户浏览当天网上的最热门事件。据介绍，BuzzFeed 有超过 50% 的流量来自"脸书"。[①]而据张小龙透露，中国用户在微信上的阅读偏好是：80% 从朋友圈里发现内容阅读，20% 从订阅号里挑选内容阅读。[②]可见，社交网络对人们的阅读方式影响之大。据 2007 年联机计算机图书馆中心(OCLC)发布的《网络社会中的分享、隐私与信任》报告显示，公众使用社交网站平均比例为 28%，

---

① 参见百度百科"BuzzFeed"词条。
② 199IT 互联网数据中心. 腾讯：微信用户每天平均阅读 5.86 篇文章 朋友圈占订阅号流量的 80%[EB/OL]. [2014-08-24]. http://www.199it.com/archives/318137.html.

其中加拿大30%，美国37%，日本22%，法国10%，德国13%，英国29%。[①] 通过社交网络，人们不仅可以进行内容群体化分享，还可以进行内容创作和生产，不断提高内容质量，以增强用户的网络黏性。

二、阅读内容呈现碎片化

在日常生活中，我们经常可以看到这样一些场景：公交车上、地铁站里，大家低着头玩手机或iPad，有的人在上网，有的人在读电子书。这种利用"零碎"时间进行断断续续的阅读，人们通常称之为"轻阅读"或"碎片化阅读"。

通过观察，我们可以发现，"碎片化阅读"这种阅读方式通常具有以下几项特征：一是阅读的内容一般比较简短、零碎；二是读者多数选择跳跃式阅读，快速浏览，再快速抛弃，跳转速度非常之快。

由于人的大脑认知需要一定的时间进行信息接收与反馈，快餐式的"碎片化阅读"没有给大脑留下充分的思考时间，这可能会影响人的思维能力。在传统的纸质阅读过程中，文本的排列是呈线性分布的，内容具有较强的内在逻辑性。而在网络数字阅读过程中，文本的组织形式是超链接的，内容杂乱、零碎、无序。一个人如果长期习惯于"碎片化"阅读，那么他的思维也有可能呈"碎片化"趋势。

因此，我们对于数字阅读碎片化倾向，应当保持一种警惕。我们需要在快速获取资讯和深度阅读思考之间取得适度的平衡。

三、阅读体验注重个性化

很多人都说，现在是体验为王的时代。各种产品和服务，为了赢得用户的支持，需要不断丰富、提升用户的体验，让用户感觉到"爽"。这一点对于数字阅读而言，也不例外。

数字阅读一方面在技术实现上需要考虑用户的需求，另一方面在内容服务

[①] Online Computer Library Center, Inc. Sharing, Privacy and Trust in Our Networked World[EB/OL]. [2007-12-7]. http://www.oclc.org/reports.en.html. 本语段由作者翻译。

上也应注重用户的个性化体验。在技术实现方面，比如利用移动智能设备检索书目信息，利用二维码扫描下载电子书，允许用户定制个性化显示界面，用户自主添加标注（Tag），用户参与内容创建，跨平台（PC机、笔记本、手机及各类终端）访问，随时随地阅读、分享，等等。内容服务方面，利用大数据分析技术，了解特定读者的阅读倾向，选择关联性较强的数字内容进行推送，帮助用户过滤干扰信息或嵌入式垃圾广告，这样优质的内容服务会提高用户的黏性，用户对数字资源的利用忠诚度也会提升。

思考题

1. 数字阅读会取代纸质阅读吗？请说明理由。
2. 影响数字文献内容获取的关键性因素有哪些？
3. 与传统阅读形态相比，数字时代的用户在阅读行为上呈现出什么特征？

第三讲

电子书阅读器

顾晓光 *

从某种程度上讲，一部人类文明进程的历史就是一部文字及其载体产生和发展的历史。无论是莎草纸，还是龟甲，都见证了人类文明的起源。自蔡伦造纸，到毕昇印刷术，再到信息技术和通信技术成为现代信息时代之滥觞，科技的飞速发展改变了人们的生活方式，人类社会对传统的挑战也达到了前所未有的程度。互联网环境下的多媒体时代，碎片化、读图、读网的阅读方式已成常态，利用新技术还原传统的纸本阅读的设想也被科学家一步步变成了现实——电子墨水（e-Ink）技术出现了。但这条路走得并不顺利。

早在1975年，此概念就已经由施乐帕克研究中心的研究员率先提出，然而直到1996年4月，贝尔实验室才成功制造出原型。它虽被称为"纸"，实际上是一种类似纸张的软性显示器，要使显示器具备普通纸的柔软、可卷、可折的特性，关键在于以塑料、薄化玻璃或金属薄板等软性基板取代现有显示器的玻璃基板。此外，它的显示介质具有记忆特性，因此平常显示画面时不耗电，只有在画面更新时才需要耗电，和传统液晶显示器相比，耗电量大为降低。[①]

利用这种技术的产品大规模出现，我们一般把它们称为电子书阅读器（eReader，e-Ink Reader）。

---

* 顾晓光，北京大学信息管理系图书馆员，曾任《数字图书馆论坛》执行主编，中国图书馆学会图书馆学期刊编辑出版专业委员会委员。

① 我国首份电子（纸）阅读器测试报告 [EB/OL].[2015-04-17].http://cips.chinapublish.com.cn/yw/200812/t20081219_42194.html.

第一节 电子书阅读器的兴起

目前，电子书阅读器没有一个统一的名称，比较常见的名称还有电子阅读器、手持阅读器及电纸书等，简称为阅读器。简单说来，它是指用来阅读电子文档的手持终端设备，现在特指以电子墨水技术为核心应用的产品。阅读器和很多科技新品一样，并非粉墨登场后便大红大紫，而是经历了一段默默无闻的时期。电子墨水技术的发展及亚马逊 Kindle 的出现，使得阅读器真正进入到了普通读者的视野。在十年左右的发展历程中，阅读器从最初的爆炸式增长，到现在的稳步前进；从最初的价格较高，到现在的平民之选；从最初的原生诟病，到现在的技术更新……阅读器经受住各种市场考验，没有出现像索尼 MD 之于音乐市场、BP 机之于通信市场那般的昙花一现。

阅读器的主要优势在于它利用电子墨水技术，给读者以纸本书的体验，这是其他电子产品所不能比拟的，同时它功能的单一性使得读者能够专注于阅读。2010 年，上海图书馆赵亮先生曾撰文将阅读器的发展分为三个阶段：1998 年到 2004 年的开创期，2004 年到 2009 年的电子墨水技术发展期和 2009 年以后成熟期的早期阶段。[1]

1998 年，火箭电子书出现，被认为是第一台阅读器，连同此后的软书（Soft Book），它们成为阅读器的先驱。与此后的阅读器最大的不同点在于，第一阶段的阅读器是基于液晶显示技术，而彼时的技术环境造就了液晶屏只能是过渡产品的事实，其缺陷主要表现在对液晶屏的供电时间不长、内存较小、稳定性不够，这对于一个需要携带的移动设备来说，很难赢得市场。

2004 年，索尼公司在日本推出了 Librié 电子书阅读器。这是全世界首个大规模量产采用电子墨水技术的商业化产品，它标志着整个阅读器行业进入了一个新的时代。这主要表现在：近似阅读纸张的感受；非常省电，使得待机时间

---

[1] 赵亮.电子书阅读器，现在与未来的桥梁——2009 年电子书阅读器产业的发展与影响述评[J].数字图书馆论坛，2010.（6）:1-19.

第三讲 电子书阅读器

较长；重量轻，这对于移动设备来说是至关重要的。

虽然之前电子墨水技术已经出现，但没有造就革命性的产业发展，最大的原因在于它缺少一个发展的契机，一个能够让它融入到以图书为主导的信息生态平台。2007年，转机出现了。

2007年11月，成立于1994年的美国亚马逊公司推出了基于电子墨水技术的Kindle阅读器，一经上市，便赢得了绝对的市场霸主地位。2008年的圣诞节期间，Kindle甚至供不应求，市场出现断货，一时之间，它成为亚马逊卖得最好的圣诞礼物。

2009年，是阅读器发展中的一个分水岭，其标志为阅读器的产品众多，销量激增，中国的阅读器产品开始发力，大众市场开始建立。

此去经年，Kindle牢牢地占据着阅读器销量第一的地位，无人能撼动，而且这种趋势仍将继续下去。本章虽然介绍的是阅读器，但主要是以Kindle为主，原因也在于此。

图3-1 海边的读者（顾晓光 摄于斯里兰卡）

47

第二节　Kindle 带来的阅读器变革

马丁·路德推动了欧洲的宗教改革，其中一个重要原因是古腾堡印刷术的发明，使得《圣经》得到了广泛印刷，连普通老百姓都可以比较容易地看到，这带来了民众思想的解放，进而慢慢影响到对宗教的看法，加速了中世纪的结束。

Kindle 对于阅读器的变革犹如马丁·路德对于欧洲宗教发展的作用。没有古腾堡印刷术，马丁·路德没有思想影响的物质基础；没有之前的电子墨水技术，Kindle 也很难出现。马丁·路德改变了基督教的历史发展，进而影响到了近代的西方文明；Kindle 建立了前所未有的出版生态，也直接引发了出版业革命性的变化。

索尼电子阅读业务部门总裁史蒂夫·哈珀说："我们不仅要拯救出版业，还要去拯救文化。"索尼没有做到，亚马逊却比任何机构和公司都领先了一步。

一、以"器"带"容"，重建出版生态

笔者曾在 2009 年初撰文对 Kindle 做了一个粗浅的分析。文章认为，Kindle 二代的上市，在一定程度上可能会改变目前的出版格局，甚至为我们带来一场文化变革。除了为人们提供阅读器的硬件设备，它更提供了一种新的阅读服务方式——通过硬件平台的支撑，用"软件即服务"的理念，为读者阅读空间的扩展和时间的节省提供了有效的帮助。[①]

Kindle 将会逐步转换到产业链的上游，并随着市场的变化重新定位。它搭建的是一个数字出版平台。Kindle 只是一块探路石，亚马逊可以通过这个平台慢慢预热，继而将整个数字出版产业做大做强。毕竟硬件设备的投入相对较大，且利润并不高。但数字出版的运营成本较低，亚马逊通过与作者和出版商利润分成的方式合作，将会绕开传统出版的发行商，随着与作者的合作越来越多，

---

① 顾晓光.Kindle 点燃了什么[J]. 数字图书馆论坛.2009（4）:3-6.

甚至有朝一日也会将出版商一脚踢开，实现利润最大化。

到目前为止，不到八年的时间，亚马逊取得了美国电子书业务最大的市场份额。2007 年，Kindle 上市之初，它的电子书只有 8.8 万种；[①]而通过亚马逊主站查询到 2015 年 3 月 30 日~4 月 29 日近 30 天的新入电子书就达到了 8.65 万种，总数已经超过 340 万种，中国区的电子书也已经有 20 多万种。

阅读"器"这种硬件，改变了内"容"的生产和传播，并且取得了很大的成功，这是亚马逊重建出版生态最大的突破和革命性的贡献。

亚马逊电子书业务的发展虽然离笔者六年前的预言还有些距离，但并没有较大的偏差，而且是一步一步地稳步发展的。

二、技术更新，永远的 Beta 版

目前技术的更新已经达到了不错的体验效果。Kindle 问世之初受到最大的诟病便是反应速度慢、分辨率不高，但随着 Kindle 版本的更新，特别是在 2014 年秋，亚马逊发布的 Kindle Voyage，Carta 屏幕已经实现了 300PPI（PPI，全称 Pixels Per Inch，即每英寸所拥有的像素数目。数值越高，代表显示的密度越高，拟真度就越高）的显示效果，相比之前的 Kindle Paperwhite 的 212PPI 提升近 50%，这便是基于更精细的电荷控制技术带来的进步。而反应速度也提升了不少，在翻页和进行其他操作时并没有出现早期版本较慢的刷新速度。同时，它的背光可以根据光源环境而变化，有利于保护视力，而早期版本均未有背光。

目前 Kindle 已有七代产品，从最初的按键、全键盘设计到现在的触屏操作，它给用户带来的体验越来越好。在软件开发上，它也是更新不断，并在各大操作系统上都可使用。

---

① The book is dead [EB/OL].[2015-04-17].http://www.economist.com/node/10164693. 本语段由作者翻译。

三、价格亲民，摩尔定律的佐证

2007年Kindle问世之初，它的价格是399美元。对于用户来说，高昂的价格在亚马逊出色的数字出版和发行平台，以及Kindle的诸多优势面前变成了"木桶理论"中的短板，如何将价格降下来是Kindle发展必须面对的问题。这也是出版业发展历史上要面临的问题之一：除了技术支撑下的生产方式和介质革命性的变化，借由经营方式的变化带来相对低廉的价格同样重要。从另一方面讲，知识技术积累到一定的临界点，新技术就会跟裂变反应一样爆发，并剧烈扩展，被称为临界质量（Critical Mass）。只要达到临界质量，阅读器的价格就会大幅降，摩尔定律也在一定程度上证明了这种可能。

显然，阅读器的技术更新和价格下降并没有达到很多人希望的那样，但已经取得了不少进步，目前价格最低款只售79美元，价格仅是七年前的五分之一左右，美国人以买几本精装本图书的费用便可以购买到一部Kindle。而通过Kindle购买一本电子书的价格可能是一本精装本的一半或者更低。

四、多种计划，多种选择

亚马逊在针对Kindle所做的推广方式上是多方位的。它同时在出版源头、借阅和购买方式上都有所创新，在此列举三个事例。

（一）Kindle Singles

2010年10月，亚马逊实验性地推出"Kindle Singles计划"，吸引作者在Kindle平台发布篇幅介于短篇和长篇著作之间的"小册子"。在传统出版的模式下，这种篇幅的作品并不常见，而Kindle的此次举措正是适应用户阅读习惯变化的一着妙棋。而且，这是自出版的一种方式。

（二）Kindle Unlimited

2014年7月，亚马逊发布"Kindle Unlimited 计划"，用户每月交纳9.99美元，即可无限量地阅读80万种电子书和收听数千种有声书，并提供30天的免费试用。而这种类似图书馆的借阅功能早已经适用于亚马逊的高级会员，当时的借阅规则是会员可以在一个月内从60万种电子书中挑选一本免费阅读，而Kindle Unlimited 的功能则更近一步，使用户范围更广，资源量更多。但也有专业人士指出，这些图书中，大多的价格都在2.99美元以下。

（三）Kindle Matchbook

针对用户对纸本和电子图书想同时拥有的需求，亚马逊适时推出"Kindle Matchbook 计划"，用户在亚马逊购买纸本图书后，可以2.99美元或者更低的价格购买电子版。

2010年4月，苹果公司推出iPad，希望用iBooks来挑战Kindle的电子书市场。虽然iPad的销量不错，但并没有让Kindle停止它前进的步伐。亚马逊公司的报告显示，2010年第二季度，亚马逊的电子图书的销量首次超过精装本图书销量，每卖100本精装本图书就能卖出143本电子书。关于这个数据，总裁杰夫·贝索斯说："想到购买精装书的亚马逊顾客还没买电子书的多，我真的很惊异。我们卖精装书15年了，卖电子书的时间却只有33个月。"图书的种类大大增加，从最初的8万多种到三年后的70多万种，而且涵盖了《纽约时报》畅销书榜上的绝大部分图书。在内容建设上，将iPad远远地甩在身后。[1]

调查显示，2014年，美国32%的受访者表示拥有电子阅读器。[2]虽然此报告并未发布Kindle的占比，亚马逊也未发布过具体的销量，但Kindle确实已经进入到一个平稳发展的阶段。

---

[1] 张洁，顾晓光．数字阅读的若干热点冲撞 [J]．图书与情报，2011（4）：83-87．
[2] 孙鬒，巢乃鹏．移动互联时代美国公众电子阅读行为研究——基于美国皮尤研究中心的调查问卷统计 [J]．出版发行研究，2015（3）：85-88．

图 3-2 海边的读者（顾晓光 摄于菲律宾）

第三节 我国电子书阅读器的发展及其制约因素

一、我国电子书阅读器的发展概述

2009 年为我国的阅读器元年。2008 年 10 月，汉王科技推出基于电子墨水技术的阅读器，并在 2009 年取得了可喜的成绩，全年销售 26.63 万套，在国内阅读器市场约占有 95% 的市场份额，[①]可谓一枝独秀。2010 年，据说有上百家的阅读器厂商参与其中，但汉王依然为个中翘楚，并凭借阅读器市场销售额的猛增得以在 2010 年中小板上市，成为仅次于 Kindle 和索尼的全球第三大阅读器品牌。

国内众多商家看到汉王的成功，纷纷加入到了阅读器的市场中来。比如易博士、翰林、欣博阅、文房、辞海、龙源、都看、盛大 Bambook、易

[①] 汉王科技借上市提升品牌号召力 继续助力"电纸书"[EB/OL].[2015-04-17].http://finance.people.com.cn/GB/11056897.html.

迪欧、爱国者、纽曼等品牌。在此特别介绍一下易博士。易博士是国内第一批阅读器品牌，更是最早进入图书馆借阅的品牌。国家图书馆是我国第一家提供借阅的图书馆，此后上海图书馆、广州图书馆、东莞图书馆等都为读者提供易博士的借阅。

值得一提的是，汉王董事长刘迎建先生不仅将电子墨水技术的阅读器称为"电纸书"进行推广，而且花费巨额的广告费进行宣传，包括邀请影视明星做形象代言人。

数年过去了，国内的阅读器市场用哀鸿遍野来形容并不为过。作为龙头老大的汉王因为阅读器而连续几年净亏损。公开数据显示，2010年，汉王电纸书总销量超过100万台。但在2012年，汉王电纸书销量据估算约为10万台。这一业务实现当年营业收入为6203.47万元，同比下滑了77%。2012年汉王的阅读器业务只占汉王2012年营业收入的18%，但在2009年阅读器业务营收则占所有营收的67%，2010年的占比更是高达75%。[①]

近几年来，众多品牌退市，大公司推出的品牌也难逃其中，比如文房、都看、辞海等，它们分别是北大方正、当当网和上海出版集团等当初重点推出的阅读器产品。到了2015年，国内品牌已存留不多，主要以Onyx Boox、欣博阅和汉王为代表。但它们的销量远远低于Kindle。

通过多年全民阅读的调查看，我国民众使用阅读器进行阅读的状况并不乐观，即使在Kindle 2012年6月入华后，也未见有明显的变化。2015年4月，中国新闻出版研究院公布的第十二次全国国民阅读调查结果显示，2014年阅读器阅读接触率仅为5.3%，不到数字化阅读方式接触率（58.1%）的1/10，甚至低于2013年的5.8%和2011年的5.4%。[②]这与前文提到的美国32%的受访者拥有阅读器相差甚远。

[①] 汉王科技无悬念亏损 电纸书成鸡肋转型路漫漫 [EB/OL].[2015-04-17].http://finance.sina.com.cn/stock/s/20130816/011916463652.shtml.

[②] 聚焦全国国民阅读调查 [EB/OL].[2015-04-17]. http://www.chuban.cc/ztjj/yddc/.

二、制约我国电子书阅读器发展的因素

国内阅读器没有像 Kindle 那样发展起来的原因有很多。从核心内容建设方面来说，用几年前《新闻出版总署关于发展电子书产业的意见》中的概括来描述还是比较准确的："电子书原创内容不足、编校质量低劣、相关标准缺失、版权保护手段滞后、市场竞争无序、产业监管缺位、专业技术人才缺乏等一系列制约电子书产业发展的问题亟待解决。"①

笔者认为这也与国内阅读整体氛围有关，同时还有三个方面制约着国内阅读器品牌的发展。

（一）"容""器"之争均逊色

Kindle 自 2007 年推出第一款产品以来，总共不过七代产品，不及汉王鼎盛时期一年的十二款产品数量，但 Kindle 每一款产品的工业设计都处于行业的领先位置，显得"器宇不凡"。

Kindle 最大的成功在于它的平台，这是国内任何一个阅读器品牌都无法比拟的。不可否认，在某些细节的参数上，国内部分品牌比 Kindle 的表现要优异，更加适合国人的使用习惯。但综合来看，Kindle 的优势还是较为明显。Kindle 仰赖于亚马逊电子图书的资源和自行开发的系统，使得"有容乃大"。

（二）iPad 的冲击

汉王在 2009 年和 2010 年的成功很大程度上得益于礼品市场。笔者曾经当面询问过汉王董事长刘迎建先生关于礼品市场在汉王销售总量的比例，对方没有做具体回答，但透露出礼品市场是他们较为重要的一部分。笔者在 2010 年国产阅读器最为红火的时候访谈"毕升一号"阅读器的总经理常涛先生时，得到

---

① 新闻出版总署关于发展电子书产业的意见 [EB/OL].[2015-04-17].http://www.gapp.gov.cn/news/798/76915.shtml.

的数字是大约 70%。①能够成为礼品市场上的新宠，得益于它的价格不菲，但又不过于奢侈，而且是文化产品，比较雅致。所以，这种科技新品刚一投放市场，就赢得了不少关注。但在 2010 年 4 月推出的 iPad，很大程度上改变了阅读器在中国的市场走向。作为礼品的阅读器逐渐被 iPad 所替代。

（三）价格没有优势

台湾元太公司垄断了电子墨水屏幕的市场，使得阅读器成本最高的屏幕价格差别不大，像 Kindle 这种出货量最高的厂商还会拿到相对优惠的价格，而且 Kindle 通过广告和销售图书的补贴，能够将成品价格降得较低。另外，如前文所言，众多商家将阅读器定位于礼品，所以价格很高，像方正的文房超过了 4000 元，上海世纪出版集团的辞海悦读器也超过了 3500 元。目前，国内所售卖的 Kindle 主要有三种，最便宜的一款仅售 499 元。另外，对比中美两国的纸本图书价格，阅读器在美国的性价比要远远比在国内的高。

第四节　电子书与阅读器发展中的困境

亚马逊通过 Kindle 改变了美国的图书市场，并影响了全世界。我们在为其叫好之时，也要看到亚马逊对于出版行业的负面影响。

一、如何处理好与出版商的关系

2014 年 2 月，《纽约客》刊登了一篇《廉价的文字》(*Cheap Words*) 的长文，提出了一个"亚马逊对读者有好处，但对书有好处吗"的疑问。②

---

① 顾晓光. 电子书阅读器是硬件还是平台？——访谈万物青科技有限公司总经理常涛 [J]. 数字图书馆论坛，2010.（7）：1-6.
② Cheap Words [EB/OL].[2015-04-17].http://www.newyorker.com/magazine/2014/02/17/cheap-words. 本语段由作者翻译。

作者在文章中尖锐地抛出对亚马逊的质疑：在许多出版从业者眼中，亚马逊是个残忍的掠夺者。它声称在打造一个更有文化的世界，将拯救书业于困厄，但接下来却提出很多个人要求，很直接地利用渠道优势让出版商俯首称臣。最终，当出版业意识到控制权和利润都落入亚马逊之手后，才开始怀疑亚马逊当初的"如意算盘"。

作者所言并非是毫无根据的臆断，亚马逊之所以能以如此强硬的态度与出版商谈条件，原因在于亚马逊已经成为图书销售的主要渠道。就美国市场而言，亚马逊纸质书销量占行业总额的1/3，电子书销量占市场60%份额，而苹果公司在美国电子书市场占有20%的市场份额。

对于出版商来说，不合作对自身不利，合作又要受到其各方面政策的挤压。如何有效地处理好与出版商的关系，如何促进书业的良性发展，是亚马逊会一直面临的问题。

二、如何面对自出版带来的信息泛滥

自出版在亚马逊的份额中占有很重的比例。2014年的一份数据显示，亚马逊图书销量排行榜中的25%是自出版图书[①]，这不免让美国五大出版商感到不安，也让人有了深层的思考：没有编辑参与的文字如何保证质量？信息泛滥中如何大浪淘沙？是否会存在"劣币驱逐良币"的后果？

其实，这种问题早在古腾堡印刷术出现之初就存在。1500年左右，人文学者开始哀叹商人利益为先，印刷出许多不重文本质量的手稿和大量新书，从而分散了读者的注意力，使最有价值的古代经典被忽视。[②]

---

① Jess Bolluyt. Amazon's Kindle Store Could Be a Goldmine For New Authors [EB/OL].[2015–04–17]. http://www.cheatsheet.com/technology/study-self-published-e-books-comprise-31-percent-of-kindle-store-sales.html/?a=viewall. 本语段由作者翻译。

② Ann Blair. Information overload, the early years [EB/OL].[2015–04–17].http://www.boston.com/bostonglobe/ideas/articles/2010/11/28/information_overload_the_early_years/?page=full. 本语段由作者翻译。

三、如何保障电子书永久拥有

电子书通过阅读器的存取非常便捷，这是传统图书所不具有的优势，但拥有电子书后如何能够像纸本书那样得到保障又是一个现实问题。原则上，当用户购买电子书之后，可以永久地保存在云端账号中，随时取用。但在 2009 年，亚马逊自行将英国作家乔治·奥威尔的《1984》和《动物农场》从用户的购买书单中删除，[1] 这成为了当时热议的焦点。在数字时代，这种情况并非亚马逊一家独有的，不能不引发我们的关注。

四、如何避免版权纠纷

在互联网时代，版权是任何电子书发行机构一个无法回避的问题。这在某种程度上也制约了电子书的发展进程。国内阅读器风生水起之时，曾经出现过中华书局和汉王公司的版权官司。

2010 年 6 月 30 日，中华书局起诉汉王公司一案开庭审理。中华书局认为汉王公司未经许可，擅自在其制作发行的《汉王电纸书 D20 国学版》中收录了中华书局享有著作权的点校本"二十四史"和《清史稿》，这侵犯了中华书局对作品享有的署名权、复制权、发行权、获取报酬权等权利。面对中华书局的指控，汉王公司则辩称 2008 年与北京国学时代文化传播公司合作，并得到了授权。最终，汉王公司胜诉，但案件历时近两年。[2]

我国的电子书行业之所以进展缓慢，一个重要原因是盗版横行，政府监管不力，继而制约着传统出版数字化的脚步。另一方面，出版机构也要对版权有更加谨慎的理解和认识，以防止出现版权上的纠纷。

---

[1] Jess Bolluyt. Amazon Erases Orwell Books From Kindle [EB/OL].[2015–04–17].http://www.nytimes.com/2009/07/18/technology/companies/18amazon.html?_r=0. 本语段由作者翻译。
[2] 汉王回应中华书局起诉 称已支付相关费用 [EB/OL].[2015–04–17].http://news.xinhuanet.com/eworld/2010-07/05/c_12300695.htm.

第五节　阅读器在图书馆的应用情况

随着信息技术的高速发展，图书馆也积极地应用相关的技术，这已成为图书馆提供服务的新举措。而机遇与挑战并存的互联网时代，阅读器在图书馆的应用也顺势而为。

2007年12月，美国新泽西州的斯巴达公共图书馆在Kindle问世后不到一个月即提供外借服务，成为美国第一个提供Kindle借阅的图书馆，借期一周，并为每位用户提供一本书的免费阅读，产生的费用由图书馆来支付。[①]

2008年9月，国家图书馆成为我国第一家进行阅读器借阅服务（只提供内借阅，不提供外借）的图书馆；2009年2月，上海图书馆率先开展阅读器外借服务；同年9月，国家图书馆开始实行外借服务。[②]2009年5月，北京大学图书馆也进行了阅读器借阅服务。[③]当时国内图书馆提供的阅读器都是诸如易博士、汉王等本土品牌，而随着Kindle于2012年入华销售，之后Kindle占据了很大的份额。

我国图书馆在阅读器的应用中几乎与美国同步，也与我国阅读器的产业发展同步，但经过数年的使用，中美两国走了截然不同的两条道路。

以外借阅读器最早的上海图书馆为例，从2009年2月开展外借服务伊始，阅读器内载有大量电子书刊。读者试用后的意见反馈表明：超过半数的读者认为电子阅读器外借服务方便读者阅读、符合服务新潮流，并能有效提高文献使用率；同时也有近半数的读者认为，上海图书馆目前的网上读者认证、借书和电子阅读器等系统和设备均不完善，要在读者中推广电子阅读器的使用有一定难度。[④]

[①] Norman Oder New Jersey Library Starts Lending Kindles [EB/OL].[2015–04–17].http://lj.libraryjournal.com/2007/12/digital-content/a-new-jersey-library-starts-lending-kindles/#_. 本语段由作者翻译。

[②] 解晓毅，等.手持阅读器在图书馆中的应用研究——以国家图书馆为例 [J].数字图书馆论坛，2010（6）：23–27.

[③] 唐勇，等.手持阅读器——拓展图书馆的服务 [J].数字图书馆论坛，2010（7）：7–10.

[④] 金红亚，周德明.电子阅读器应用与图书馆借阅业务的变革 [J].图书馆杂志，2010（4）：30–31，50.

第三讲 电子书阅读器

几年过去了，上海图书馆出借的阅读器更新换代，硬件部分得到了很大的提升，出借数量已经超过 1000 部，远远领先于国内的其他图书馆，但之前存在的问题并没有得到有效解决。这既不是上海图书馆一家的问题，也不是中国图书馆界的不作为，而是因为受制于中国的出版生态。

一言以蔽之，我们提供的阅读器如何兼容图书馆可提供的数字内容？很多图书馆无论是自建数字资源还是购买的数字资源服务都已经达到了非常可观的级别，而能够应用到阅读器上的内容却少得可怜。主要原因有三个：一是国内阅读器厂商已几乎全军覆没，而执牛耳的 Kindle 在中国没有开展与图书馆的合作；二是阅读器单一的平台难以匹配不同的系统和资源格式；三是国内阅读器无论是现在还是早期风生水起之时，阅读器厂商始终没有提供可与之匹配的强大内容支撑。

反观美国，早在 2011 年 9 月，亚马逊和电子书提供商 OverDrive 合作，为图书馆用户提供电子书借阅服务，[①] 目前已经有超过 1.1 万家图书馆为读者提供此项服务。其借阅方式非常简单：登录图书馆的账号后，查找 OverDrive 提供的 Kindle 格式的电子书，关联自己的亚马逊账号，下载的电子书便出现在自己的 Kindle 中。和传统的图书借阅类似，也有借阅期限。

由于美国阅读器的占有率较高，出借阅读器已不是特色，而图书馆提供亚马逊的电子书才是关键。虽然用户在选择的电子书种类、副本量和借期上还有局限，但经过几年的发展，图书馆已经通过 OverDrive 找到了这种良性发展的服务方式。

对于我国的图书馆来说，短期内 OverDrive 模式很难复制，却是未来的发展方向。目前，我们能够做到哪些方面呢？就目前所提供的普及推广服务而言，图书馆还可以做得更多。阅读器作为一个阅读的新兴终端，为用户提供了不一

[①] Over Drive. OverDrive and Amazon launch Kindle® compatibility with Library eBooks [EB/OL].[2015-04-17].http://company.overdrive.com/news/overdrive-and-amazon-launch-kindle-compatibility-with-library-ebooks/.

样的阅读感受,它是传统阅读的延伸。图书馆作为人类终身学习的课堂,尽可能地为读者提供新技术下的服务模式,并引导公众认识阅读器,对于阅读器厂商的产品改善和这个产业的发展都有一定的促进作用。同时,这对于图书馆吸引更多用户、进行品牌建设也有很大的益处。

在此方面,北京大学图书馆和上海图书馆分别成为高校图书馆和公共图书馆的代表。北京大学图书馆专门开辟出数字应用体验区,该区有各种各样的阅读器和平板电脑;上海图书馆的"创·新空间"更是集合了多种形式的数字产品体验。

国内阅读器早期发展阶段,在"容"和"器"匹配方面做了很多尝试,也取得了一定的成效。比如,国家图书馆用户通过易博士阅读器可以下载方正电子书;上海图书馆与盛大合作,盛大的"云中书城"为其 Bambook 阅读器提供内容推送;北京大学图书馆提供的汉王阅读器也预装了"汉王书城"的电子书。比较遗憾的是,随着绝大多数国产阅读器品牌的退市,"器"之不存,"容"将焉附?

Kindle 在美国与图书馆的合作,已通过 OverDrive 建立起来。OverDrive 也已经开始在中国推广,但目前还没有出现较为成功的案例。由于我国的出版和发行机制与美国有着较大的差异,可以预见的是,短期内很难有突破。

无论是国家政策层面还是民间氛围,全民阅读如今成为热门的文化议题。阅读器是图书馆进行阅读推广的有效工具和宣传手段,即使没有更多更新的内容提供,但可以让更多的用户了解阅读器、喜欢阅读器,从而更加热爱读书、热爱图书馆。据统计,上海图书馆 2009 年 2 月份推出数字阅读器外借体验服务一个月,上海图书馆的中文电子图书的使用量大幅提高。①

---

① 金红亚,周德明.电子阅读器应用与图书馆借阅业务的变革 [J].图书馆杂志,2010(4):30–31,50.

图 3-3　北京大学图书馆数字应用体验区里有各种品牌的电子书阅读器。
（顾晓光 拍摄）

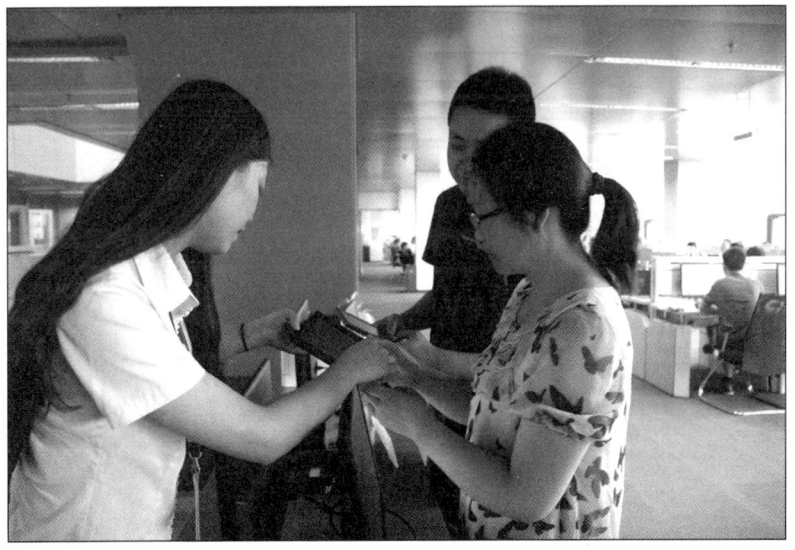

图 3-4　在国家图书馆数字共享空间，读者办理电子书阅读器借阅。
（谢晓毅 拍摄）

图 3-5　上海图书馆电子书阅读器借阅区（赵亮 拍摄）

第六节　电子书阅读器的未来

一部 Kindle 阅读器催生出一个庞大的数字内容产业。究其原因，简单概括为四个方面：家用电脑等阅读终端的普及使更多的人习惯于电子书的阅读；人们获取信息的方式也随着互联网的普及慢慢改变；电子墨水技术成为电子书阅读器在这几年发力的一个硬件条件；Kindle 的商业模式创造并引领了一个较好的产业环境。

从 Kindle 问世至今，电子墨水技术的应用已取得了很大的成绩。它并不局限于阅读器，手机、手环、商业办公等领域也已大量地使用此技术。它还有了彩色显示的技术更新，甚至可以做到使屏幕弯曲。除 Kindle 外，目前世界范围内几款主流的阅读器也同样应用此技术，比如 Nook、Kobo、Wexler Flex One（目前世界上最轻的六英寸阅读器，仅重 110 克）等。

由于电子墨水技术被台湾元太公司垄断，这在一定程度上使得该项技术得不到充分的竞争，技术更新较慢，从而影响到此技术的应用范围，特别是对于广大的教育市场，它并没有显示出预期的效果。

再说回到阅读器。"Kindle"之词在英文中既有"激发"也有"燃烧"的意思，它是激发人们更方便快捷地多读书，还是将传统的纸本图书用比特的方式燃尽？我们面对诸如Kindle之类的阅读器，是心怀网络阅读乌托邦式的兴奋还是低吟纸本阅读耶利米式的哀歌？经过几年的观察，人们发现数字洪流已不可阻挡，阅读器越来越成为阅读洪流中一艘不可沉没的泰坦尼克。而传统的纸本图书在康庄大道上也并非渐行渐远，纸本和数字载体如同陆地与海洋，相互依存，相互影响。

捷克作家博胡米尔·赫拉巴尔在《过于喧嚣的孤独》这本小说中，描述了一个废纸回收站的老打包工汉嘉在35年的职业生涯中，如何从废纸堆里救出珍贵图书，这些图书又带给他和他人何等丰富的精神世界。但巨型压力机这种新技术产品的出现，让他不得不告别自己喜欢的这份工作。作者借汉嘉之口，在哀叹现代技术的先进和无情。这种情景很像一位爱书人在看到阅读器后发出没有纸本图书墨香味道等一切美好物理属性的惋惜。

过于喧嚣的数字化浪潮已不孤独，它最终会覆盖每一个海滩。同时，陆地还是那片陆地，它孕育着生命，承载着人类文明的延续和希望。

附 文

Kindle 概述

一、什么是 Kindle

Kindle 既是阅读器也是一款软件，如果没有携带 Kindle 阅读器，也可以在智能手机、电脑上阅读电子书。

- 永久保存图书

您从亚马逊获得的所有电子书都会自动备份在亚马逊云端存储空间，永无丢失之虞。通过无线网络您可随时免费重新下载。

- 轻松携带、阅读个人文档

Kindle 还能让您方便地阅读个人文档，省掉了打印的麻烦。将您的个人文档（Word、PDF 或其他格式的文件）通过电子邮箱发送至您的 Kindle，即可使用 Kindle 进行阅读。

- 支持阅读漫画

Kindle 创新的分格浏览功能支持分格漫画及文字弹出功能，让您仔细品味每一个画面。

- 轻松联网搜索

Kindle 配备了基于 Webkit 内核的网页浏览器，让搜索图书内容变得十分简单。键入希望搜索的词句，Kindle 便会自动搜索内容库，包括在本书里搜索、在您的 Kindle 图书馆里搜索、到 Kindle 电子书店里搜索或者利用百度搜索引擎搜索互联网，为 Kindle 带来更佳的互联网体验。

- 即时查看内容注释

只需轻触，即可在当前页查看内容注释，这种注释类似于传统图书中的脚注或者尾注。

- 跨平台同步阅读进度

Whispersync 技术能够在不同的阅读设备上自动同步您的最远阅读位置、书签以及标注。无论使用何种设备，您都可以从最远的阅读位置继续阅读。

- 添加、分享笔记

您可以在 Kindle 上添加、编辑读书笔记，也可将读书笔记导入电脑。您还可标注喜欢的章节，分享到新浪微博等社交媒体。您还能看到经常被其他读者标注的章节。

二、Kindle 的使用技巧

- Kilp me：在 Chrome 浏览器中安装 Send to Kindle 插件，即可将网页信

息同步到阅读器中。这是阅读新闻最便捷的方法。

- 通过在亚马逊账号下设置自己的电子邮件地址，可以直接用此邮件发送 Word 文档到 Kindle。

- 关注国内的一些 Kindle 图书推送网站或者微信公众号，但此类服务涉及版权纠纷。

- 活用 X-Ray 功能：此功能帮助读者有效地识别图书中的人物、背景、特定概念等，方便读者了解更多的相关细节，还有索引的功效，但并非每本书都有此功能。

- 弃用原生系统，改为国内开发的多看系统，两者孰优孰劣，也是见仁见智。不过最新版的 Voyage 还没有相应的多看系统。

- 截屏：想要截取保存的画面，您只需要先后点击左上角和右下角，或者右上角和左上角（斜对角），它们就会保存在 kindle 中。

- 把文字版 PDF 发送到 Kindle 的时候，邮件主题写 Convert，系统会自动把 PDF 转换成适合 Kindle 阅读的格式。但扫描版的图书不行。

- 由于 Kindle 支持的格式有限，特别是不支持 ePub，所以需要一个转换工具。Calibre 是一款常用的电子书制作工具，它能够制作 mobi 和 epub 格式的电子书，并且支持 Windows、Mac、Linux 等多平台。最重要的是，Calibre 支持多种文档格式转换成 kindle 支持的格式。

- 亚马逊中国为 Kindle 添加了从微信推送消息到 Kindle 功能，您只需关注一个微信服务号 cn_Kindle，绑定您的 Kindle 个人邮箱即可。比如，用户发现某个微信公众号的推荐文章不错，但由于文字较多，不适合在手机上阅读时，直接添加到 Kindle 的微信服务号，便可以在 Kindle 上阅读。

- 按照亚马逊的售后政策，如果人为碎屏，需要缴纳 95% 的购机款来换一部新机器，这几乎等同于重新买一台。所以，希望你选购保护壳。不愿意用保护壳的用户，建议购买碎屏服务，相当于为自己的 Kindle 购买一份保险。

三、Kindle 的历史和产品

- 第一代

Kindle 于 2007 年 11 月推出，售价 399 美元，6 英寸 4 级灰度显示屏，内置 250MB 内存，还是唯一一款能通过 SD 卡槽扩展内存容量的型号，不过此款产品未在美国以外的地区销售。

图 3-6　Kindle

- 第二代

Kindle2：2009 年 2 月发布，售价为 299 美元，6 英寸的 16 级灰度显示屏，内置 2GB 内存。

Kindle2 国际版：配置与 Kindle2 相同，2009 年 10 月发布，面向全球 100 多个国家和地区发售，售价为 279 美元，随后将售价调低为 259 美元，又于 2010 年 6 月 21 日降价为 189 美元。

Kindle DX：2009 年 5 月发布，售价为 489 美元，9.7 英寸（1200×824 分辨率）的显示屏，内置 4GB 内存。

Kindle DX 国际版：配置与 Kindle DX 相同，2010 年 1 月发售，售价为 489 美元，后因发布 Kindle DX Graphite 将其价格调整为 359 美元。

Kindle DX Graphite：2010 年 7 月发售，售价为 379 美元，和白色 DX 不同的是，颜色变成了石墨色，对比度比原来的 Kindle DX 高 50%。

除了 Kindle DX 系列，Kindle 所有的版本均为 6 英寸。

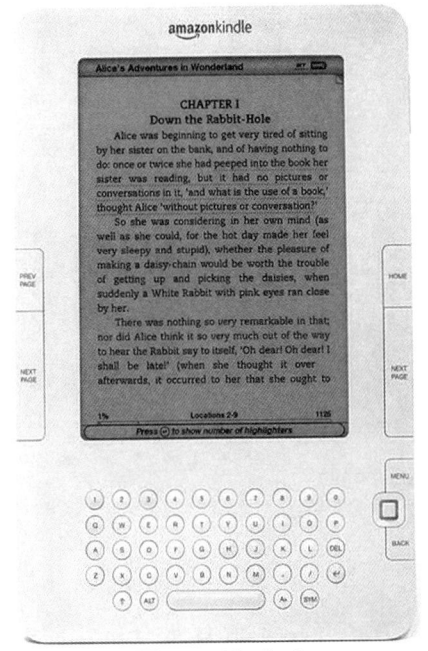

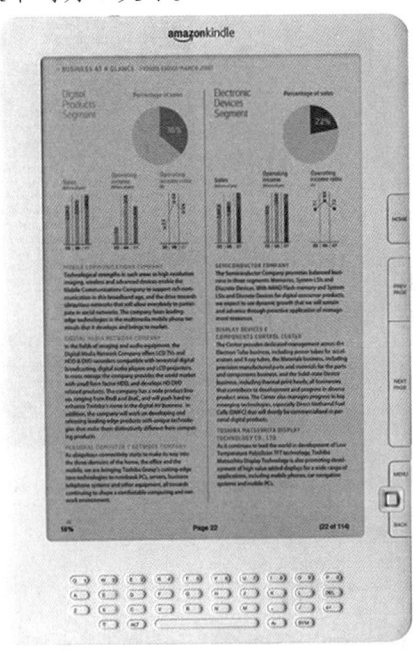

图 3-7　Kindle 2　　　　　　　　图 3-8　Kindle DX

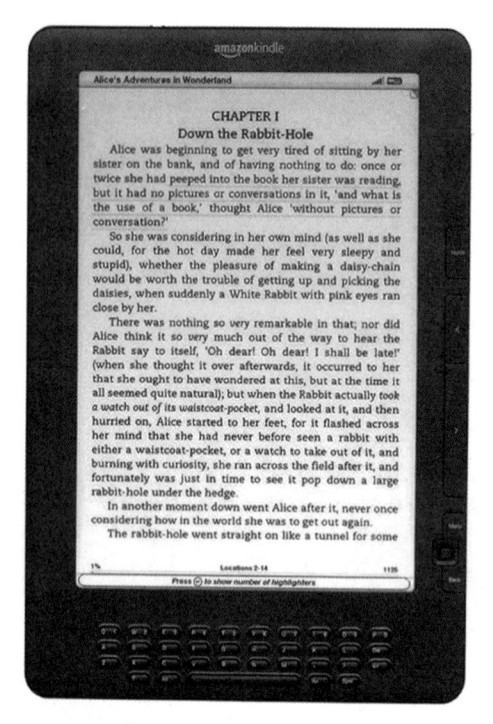

图 3-9　Kindle DX Graphite

- 第三代

有 Kindle Keyboard Wi-Fi 与 Wi-Fi/3G 版。2010 年 7 月发布，Wi-Fi 版售价为 189 美元，3G 和 Wi-Fi 版售价为 189 美元（有经典白和石墨黑两种颜色可选）。

相比 Kindle2，第三代机身表面积减少了 21%，重量减轻了 17%，内存扩充到了 4GB。在外观尺寸、按键设置布局、屏幕等方面也均进行了更新，可谓一次全面的升级换代。相对于之前 Kindle 支持内容格式的诸多限制，Kindle Keyboard 进一步扩大了支持内容的格式。Kindle Keyboard 支持无文档保护的 Word 文本、PDF、HTML、TXT 等文本格式，以及 JPEG、GIF 和 PNG 等主流图片格式，且 Kindle 原系统支持中文繁体和中文简体。

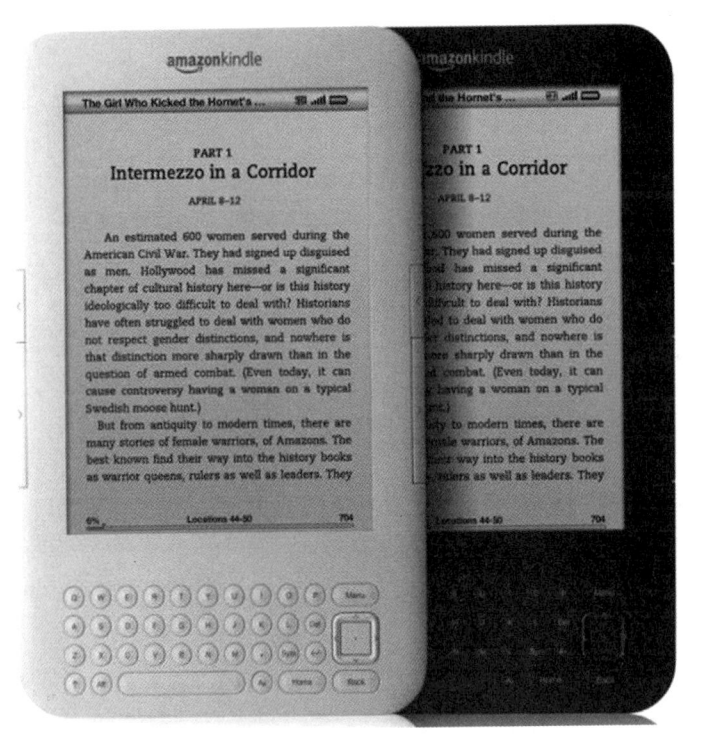

图 3-10　Kindle 3

- 第四代

Kindle 4：即廉价版 Kindle，2011 年 9 月推出，带广告版本售价 79 美元，不带广告版售价 109 美元，6 英寸显示屏，2G 内存。本款摒弃了全键盘设计，但备有四个实体按键及一个五向按键，这使得机身尺寸、重量更小。

Kindle Touch Wi-Fi 与 Wi-Fi/3G 版：2011 年 9 月和廉价版 Kindle 同时推出，与廉价版 Kindle 的最大区别是，它带有红外线触摸屏功能。该产品同样也有价格更便宜的带广告版本。

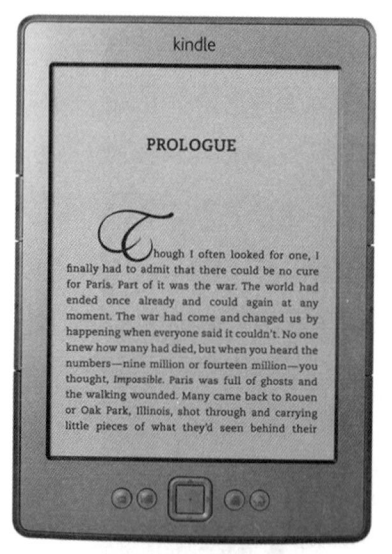

图 3-11　Kindle 4

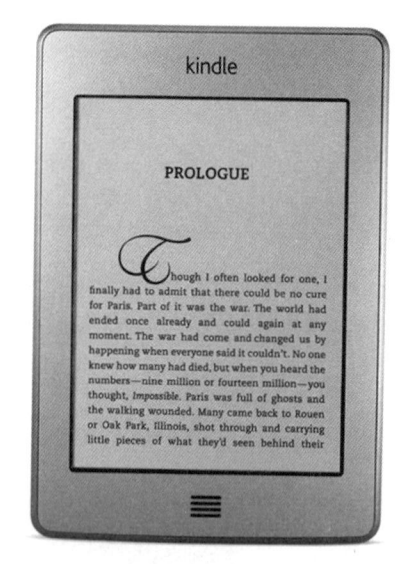

图 3-12　Kindle Touch

- 第五代

Kindle 5：2012年9月发布，带广告版售价69美元，不带广告版售价89美元，颜色为黑色，2G内存。提供新的英文字体，具有更锐利的显示效果，并且提高了15%的翻页速度。

图 3-13　Kindle 5

Kindle Paperwhite（KPW）：2012年9月发布，有Wi-Fi 和Wi-Fi/3G 版本。Wi-Fi 带广告版119美元，不带广告版139美元；Wi-Fi/3G 带广告版179美元，不带广告版199美元。2G 内存。KPW 于2013年6月正式面向中国发售，在亚马逊中国商店与苏宁电器上架销售，售价为849元人民币。

KPW 第一次摒弃除电源按钮外的所有实体键，首次采用了电容式触摸屏，而非上一代 Kindle Touch 所采用的红外线触摸屏，屏幕分辨率高达1024×768，像素密度达到了 212 PPI，并首次采用了前发光技术（内置的四颗 LED 灯提供光源）。

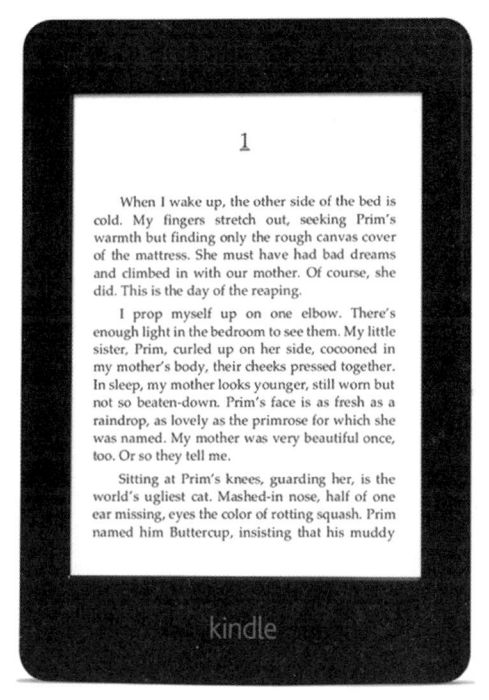

图3-14　Kindle Paperwhite

- 第六代

Kindle Paperwhite 2（KPW 2）：2013年9月发布，有Wi-Fi 和Wi-Fi/3G 版本。Wi-Fi 带广告版119美元，不带广告版139美元；Wi-Fi/3G 带广告版189美元，不带广告版209美元。4G 内存。相比第一代 Paperwhite，第二代 Paperwhite

使用了对比度更高的Carta电子墨水显示技术显示屏，改进了照明，更好的处理器使速度提升了25%，升级的触控技术使传感器密度提升了19%，以便更精确地响应手指的滑动及全新的翻页操作。KPW 2于2013年12月在亚马逊中国商店正式销售，售价为899元人民币。其外形与KPW第一代相同。

● 第七代

Kindle 7：2014年9月发布，带广告版79美元，不带广告版99美元。4G内存。这是第一次将触摸屏技术用在最初级版本上，自此，所有当前的Kindle全部为触摸屏处理。而且，这是第一次面向海外发布最初级版本，也包括中国市场，售价499元人民币。值得一提的是，此白色版本于2015年4月8日发货，首发国家第一次不是美国，而是中国和日本，价格保持不变。

Kindle Voyage：2014年10月发布，有Wi-Fi和Wi-Fi/3G版本。Wi-Fi带广告版199美元，不带广告版219美元；Wi-Fi/3G带广告版269美元，不带广告版289美元。4G内存。这是目前最好的Kindle，更薄更轻，重量仅为180克。屏幕分辨率达到了300PPI，且是第一款带自动感应阅读灯的Kindle。在中国售价为1499元人民币。

Kindle Paperwhite 3（KPW 3）：2015年6月发布，有Wi-Fi和Wi-Fi/3G版本，价格和KPW 2发布时的价格一样，但中国市场的售价比KPW 2高了59元，为958元。此版本最大的更新在于它拥有了与Voyage一样的300PPI分辨率的屏幕，外形几乎没有变化，与KPW第一代相同。

图 3-15　Kindle 7　　　　　　　　图 3-16　Kindle Voyage

思考题

1. 相比于手机和平板电脑，电子书阅读器的厂商为什么这么少？
2. 图书馆在电子书阅读器的使用和推广上有哪些措施？
3. 你有电子书阅读器吗？影响你购买电子书阅读器的因素是什么？

第四讲

移动阅读的世界

麦志杰[*]

在看厌了 Windows 一统数字设备平台天下的格局后，人们也对以三星公司、苹果公司为代表的安卓（Android）与 iOS 这对欢喜冤家的死掐习以为常，而这一切纠葛始终离不开这位饱受争议的成功人士——史蒂夫·乔布斯。牛顿和他的苹果开创了现代物理的一个时代，而乔布斯和他的"苹果"也开创了数字移动世界的新时代。自 2007 年 1 月 9 日时任苹果公司 CEO 的史蒂夫·乔布斯发布第一代 iPhone 开始，我们迈入了曾经只是在电影中才出现的世界。

当然，在此之前我们也已在这条路上探索了很久。

第一节 移动阅读的前世今生

随着移动互联网技术的迅速发展，人们的交流和沟通方式在悄然改变，阅读方式也在发生着变化，移动阅读正成为广大读者追求的一种时尚。移动阅读从电子书阅读器、PSP、MP4 到智能手机、平板电脑，因其便携性、移动性、内容的丰富性、社会性、互动性及环保成本低等优势，被越来越多的用户所青睐。下面摘选几种简要介绍。

---

[*] 麦志杰，东莞图书馆馆员。曾参与文化部文化行业标准化研究项目"公共图书馆卓越绩效管理标准化研究"，参编《公共图书馆信息技术应用》《数字阅读》等著作。

一、那些年曾经风靡于世的电子书阅读器

正如本书第三讲所述，兴起于20世纪90年代的电子书阅读器曾经风靡一时，涌现出诸如索尼公司的索尼Reader、汉王公司的电纸书、亚马逊公司的Kindle等产品。

电子书阅读器的成熟与推广很大程度上得益于电子墨水的广泛应用。这种显示器技术重点在于模仿在纸上印刷、书写的视觉观感，而耗电量极小。不同于一般的平板显示器以发光达成显示功能，使用了电子墨水技术的电子书阅读器如同普通纸一样，依靠环境光照亮，所以理论上阅读起来较舒适；而且其显示的影像在阳光直照下仍然清晰可见，可视角极广，理论上为180度；其对比度比其他显示技术高不少，大致和报纸印刷效果相同，甚至更好，能在没有电源的情况下显示原先的图片和文字。

随着LED技术的成熟，大量的触屏移动设备涌现在市场上，电子书阅读器产品功能单一、娱乐性较差的缺陷逐渐凸显。当然，各家厂商也在寻找自己的出路，如亚马逊公司推出了Kindle Fire系列，涉足平板电脑领域，巴诺书店逐步通过与谷歌、三星公司等合作，力求打破困局。

未来，电子书或有着三个发展方向：一是更"软"，部分设计以塑料背板和有机电子零件构成柔性电子纸，在部分信息技术展会上已出现该类概念产品的身影；二是更出"彩"，彩色电纸已经商业性投产，能显示4000种颜色，现阶段，生产商正向视频播放方向发展，样机已能播放每秒30格的黑白视频，或许不久的将来我们也能看上《哈利·波特》电影里的动态"魔法报纸"了；三是更"平板化"，电子书阅读器与平板电脑越来越靠近，我们可以在苹果iPad上看iBook，也可以通过Kindle Fire进行娱乐活动，你中有我，我中有你。

二、从功能机到智能机——手机的新时代

（一）功能机与智能机的对对碰

功能型手机（Feature Phone）是一种移动电话的类别，在iOS、安卓、

Windows、Phone 等智能移动操作系统面世前，很多非"掌上电脑"（PDA，Personal Digital Assistant）类型的手机都统称为功能型手机。它的运算能力无法媲美智能手机，但能够大致满足某些族群的消费者要求。有些功能电话的应用，亦比纯粹只能用来打电话及收发短信的一般手机多，譬如能够照相、播放音乐、上网，还有地图等功能。如同智能手机，在功能型手机上可以执行一些应用程序，但多数为 Java 语言的程式，这些程式多半是基于 Java ME 或 BREW，这与 Java 的跨平台能力有关。功能型手机能够应用的应用程序接口比智能手机少。

智能手机（Smart Phone），指具有独立的移动操作系统，可通过安装应用软件、游戏等程序来扩充手机功能、运算能力，其功能均优于传统功能手机的一类手机。"智能型手机"这个说法主要针对"功能手机"而言，是对那些运算能力及功能比传统功能手机更强的手机的集合性称谓。智能型手机拥有超大高清触摸屏，能随时调用键盘来进行触摸手写，能进行多任务操作，并且拥有强大的多媒体、收发邮件、上网功能，能完全替代像 MP3、MP4 和 Pad 这样的传统便携式设备。智能型手机能替代个人电脑处理办公事务和其他事务，能与网络保持实时的无缝连接，能随时切入网络，并且能与台式电脑、笔记本电脑等其他设备同步数据。

（二）热闹而沉寂的时代

2005 年以前的智能手机市场可以说是一潭死水，技术与应用难以进步，智能手机非常无趣。那个时代手机操作系统的"春秋五霸"分别是微软的 Windows Mobile、诺基亚的塞班系统（Symbian）、RIM 的黑莓、Palm 及 Linux，它们在移动市场各自占据一块地盘。而塞班系统凭借诺基亚强大的市场优势，无疑是这一时期的霸主。塞班公司最初于 1998 年由诺基亚、爱立信、摩托罗拉和 Psion 合资成立，随后索尼、松下等公司陆续加入。自 2000 年首款基于塞班操作系统的手机上市后，塞班曾发展出多种针对不同硬件平台的界面，其中塞班 Series60 一度是应用最广、市场占有率最高的界面产品。

(三) 命运的对决

给这个市场带来微妙生机的是始于谷歌的一场收购行动。2005 年，谷歌收购了安卓公司，并让"安卓之父"安迪·鲁宾继续担任安卓项目的负责人。这笔交易被评为"谷歌历史上最成功的交易"，仅花费了谷歌 5000 万美金。最初，谷歌对安卓也没有多大把握。为了增加成功的砝码，在接下来的几年里，谷歌做了大量的储备工作，开始跟上下游、厂商、运营商沟通合作，并积极筹备成立联盟，但此时的谷歌看起来是低调的，他们对外很少宣传。

直到 2007 年 11 月 5 日，谷歌高调发布安卓移动平台系统，开启了一个新手机系统的辉煌时代。当天，谷歌也同时宣布"开放手机联盟"成立。第一批联盟成员就有 34 家，涵盖了手机产业从上游到下游的所有企业。安卓是一个具有整合意义的移动软件系统平台，与当时手机系统最大的区别在于它具有开放性。谷歌开放安卓平台的手机源代码，并允许手机厂商加入开发，免费使用。

出于利益和技术封闭的考虑，当时智能手机操作系统如塞班等都是封闭的，被各大品牌厂商严格控制，这也使各种应用开发速度非常缓慢，不具有核心技术的手机厂商和第三方开发商难以进入这一市场，这在一定程度上阻碍了智能手机的发展。谷歌宣布开放安卓平台，使得原先不具有技术优势的手机厂商和第三方开发商群体为之振奋，开放性、免费性两大王牌使得安卓迅速站稳脚跟并扩展领地。

同在 2007 年，苹果公司前首席执行官史蒂夫·乔布斯发布了第一代 iPhone，它搭载苹果公司研发的 iOS 操作系统。在 2007 年 6 月 29 日美国正式发售当天，全美的苹果公司销售商店外有数百名苹果粉丝为了抢购而提早排队，由于刚推出的 iPhone 上市后引发热潮及反应热烈，部分媒体称其为"上帝手机"。从第一代 iPhone 到目前的 iPhone6，尽管 iOS 长期被诟病开放性不足，但

iPhone 在争议中已经走过了七个年头，有过 iPhone4 的辉煌，也有过 iPhone5C 的尴尬，但不变的是，以 iPhone 为代表的 iOS 与以三星为代表的安卓之间的对决仍在进行。

三、平板电脑的峥嵘

谈到平板电脑，很多人的第一反应可能是以 iPad 为代表的系列产品：它们操作简单、应用丰富、小巧便携。或许在人们眼中，iPad 已经成为平板电脑的代名词。2014 年 10 月 16 日，在美国加州库比蒂诺总部市政大厅举行的新品发布会上，苹果公司首席执行官库克宣布苹果 iPad 总销量已达到惊人的 2.25 亿台。[①] 可是，iPad 并不是平板电脑的开创者，在它之前已经有了无数倒在路上的前辈，而它诞生之初也并不被人们所看好。

（一）早期的平板电脑产品：混沌时代的先行者

20 世纪 60 年代末，来自施乐帕洛阿尔托研究中心的艾伦·凯提出了一种可以用笔输入信息的叫作 Dynabook 的新型笔记本电脑的构想。然而，施乐帕洛阿尔托研究中心没有对该构想提供支持。第一部用作商业化的平板电脑是 1989 年 9 月上市的 GRiD Systems 制造的 GRiDPad，它的操作系统基于 MS-DOS。另外一部 Go Corporation 公司制造的 Momenta Pentop 平板电脑于 1991 年上市。1992 年，Go Corporation 公司推出了一款专用操作系统，命名为 PenPoint OS，同时微软公司也推出了 Windows for Pen Computing。跟"ThinkPad"这个词暗示的一样，IBM ThinkPad 系列的原始型号也都是平板电脑。这些早先的例子都失败了，那令人诟病的手写识别率根本就不符合用户的需求，并且居高不下的价格和重量也很成问题。譬如说，Momenta Pentop 平板电脑重量约 3.2 千克，并且价格高达 5000 美元。

---

① 总销量惊人 苹果 iPad 总共卖出 2.25 亿台 [EB/OL]. [2015-5-19]. http://pad.zol.com.cn/484/4848778.html.

（二）Tablet PC：昙花一现的悲情英雄

论资历，微软公司平板电脑的历史远远早于苹果的 iPad。2001 年，微软推出了一款基于 Windows XP Tablet PC Edition 操作系统并为业界所认可的商业化平板电脑产品——Tablet PC。简而言之，Tablet PC 其实就是配备了旋转式触控屏幕且预装了 Windows XP Tablet PC Edition 系统的笔记本。在 Tablet PC 时代，最具代表性的产品就是原 IBM（现联想）旗下的 ThinkPad X Tablet 系列，并且这种旋转触控屏幕的机身结构一直延续至今。盖茨当年曾放出豪言："这是一个毫无界限的 PC 理念，我相信它将在五年内成为美国最热门的 PC 产品。"

可惜，Tablet PC 从诞生伊始就注定要以失败告终。原因很简单，就连时下微软公司最新的 Windows 8.1 对触控操作的优化都不够好，对十多年前的 XP 系统而言，人性化操作基本是个遥远的梦想。此外，这种旋转触控屏幕与机身连体的设计形式，也注定它不会很轻薄，再加上"绝对高端"的市场定位，Tablet PC 从未被普通消费者所认可。

作为 Tablet PC 计划的推动者，"Wintel"（Windows 和 Inter 的英文缩写）联盟也认识到了这种大块头在便携性和成本方面的缺陷。于是自 2006 年起，"UMPC（Ultra-Mobile PC）"和"MID（Mobile Internet Device）"的概念孕育而生。严格来说，UMPC 才算是"平板电脑"的雏形，它采用了 7 英寸或更小的触控屏幕，搭载英特尔超低压版处理器，并预装 Windows XP Tablet PC Edition 系统（后期 Vista 系统也内置了 Tablet PC 的组件）。UMPC 和 MID 虽然解决了便携问题，但仍然存在性能孱弱、触控体验不佳的缺点（电阻式触控技术），因此在很长一段时期都仅仅是时尚达人手中的玩物。作为最广泛的消费群体，普通用户只能在电影里看到此类设备大放异彩。于是，一股被压抑很久的"平板情结"开始萌动，等待着一个爆发的时机。

（三）iPad 和它的时代：异军突起的闯入者

2010 年 1 月 27 日，当乔布斯正式将 iPad 展现在世人面前时，业界并没有太看好，毕竟连强悍的"Wintel"联盟都在这一领域败下阵来。

可是，市场的反应让业界吃了一惊。消费者被压抑许久的"平板情结"终于被乔布斯和他略显玩闹的 iPad 引爆了。iPad 解决了 Tablet PC 和 UMPC 所面临的诸多麻烦：用电容式触控技术解决操作难题、用 iOS 系统替换 Windows 实现易用体验、ARM 架构芯片和超大电池不再担心续航缺陷，而 499 美元的上市价格，更是将素以"土豪专用"自居的 Tablet PC 和 UMPC 们打回了原形。

可以说，iPad 重新定义了平板电脑的设计形态及操作思路，并在价格上首次向普通消费者示好。随后，借助谷歌安卓系统的东风，安卓平板电脑则以更亲民的姿态呈现在了我们面前。iPad 的成功告诉了我们一个道理，没有 Windows 系统的设备也能叫"电脑"，无须有键盘鼠标也能"好玩"。

在 iPad 发布之前，"上网本"正在传统 PC 领域大杀四方，凭借小巧身材和低廉的售价，让用户忘记了还有 Tablet PC 和 UMPC 的存在。然而，随着 iPad 和其他安卓平板的上市，上网本也如明日黄花般迅速衰败。没有笔记本性能强，不如 iPad 好玩，"上网本"死得并不冤枉。

（四）iPad 和它的竞争者们：群雄割据的时代

平板电脑市场的火爆引发了以苹果、微软和谷歌为代表的平板军团内战，iPad 尝了"头啖汤"，但竞争者们也找到了自己的生存之道。

1. 更"亲民"的平板

虽然我们知道 iPad 的味道最好，但价格始终是个问题。反观谷歌，玩起了众人拾柴火焰高的游戏，依靠安卓开放的优势吸引了以前卖电脑的、卖家电的、卖 MP4 的、卖手机的等无数企业涉足，从 299 元至 3999 元的价位区间都有安卓平板的身影。无论是让 iPad 引以为豪的视网膜屏幕、素以高端自居的四核处理器、曾经让人羡慕不已的超大内存，乃至标榜身份的高速联网，这些当初的新酷技术都被国产安卓平板消化吸收，并以千元左右的价格"挑逗"每一位消费者的欲望神经。

2. 更"专业"的平板

2012年，微软公司推出了 Windows 8 操作系统，并发布了 Surface 系列平板电脑。相较于 iPad 被广泛地看作娱乐平板产品，Surface 一直被宣传成可以替代笔记本电脑的平板电脑，或者称之为平板、笔记本二合为一的设备，力图打造高贵冷艳的高端角色。但目前从价格、体验性上并不具备太大的竞争优势，毕竟人们对在工作电脑和娱乐平板之外是否还要加一个中间产品并未形成共识。

3. 更"小"的平板

曾经，9.7英寸的 iPad 销售量遥遥领先。为避免自身产品相互冲突影响，苹果为安卓留下了生存的一丝契机，那就是7英寸平板电脑。这个被乔布斯称为"见光死"的产品，经过几年的萌芽，阵营已经愈发壮大：三星 GalaxyTab、黑莓 PlayBook、戴尔 Streak7、亚马逊 KindleFire 均为7英寸产品，而安卓阵营的缔造者谷歌也推出自有品牌的 Nexus7。面对越来越多的小"7"，苹果公司又不得不推出了 iPad mini。

第二节 移动阅读时代的实现方式

在传统阅读时代，读者可以通过图书馆借阅、书店购买、邮购等方式获取阅读资源。相对应的，进入数字阅读时代，我们可以通过各类图书馆移动客户端、文学类 APP、听书类 APP 及各类设备自带资源实现阅读。

一、指尖上的图书馆——数字图书馆类 APP 引荐

在人们习惯于纸质阅读的时代，图书馆是一个重要的阅读场所和资源提供者。进入了移动数字阅读时代，数字图书馆通过各类 APP 形式走进了人们的视野，并逐渐成为人们的重要阅读途径。

（一）超星移动图书馆

超星移动图书馆是专门为各个图书馆制作的专业阅读平台，拥有百万册电子图书、海量报纸文章及中外文献元数据，为图书馆用户提供了方便快捷的移动阅读服务。在此基础上，依托集成的海量信息资源与云服务共享体系，为移动终端用户提供了资源搜索与获取、自助借阅管理和信息服务定制的一站式解决方案，具有突出的特点和技术优势。目前，国内多家公共图书馆、高校图书馆均选用了该平台进行二次开发。

（二）图书馆 APP

国内图书馆移动服务起步较晚，始于基于短信、WAP 手机平台的移动服务。近年来，随着手持终端的兴起，国内一些大型图书馆开始尝试利用 APP 等工具为用户提供移动服务。例如，2005 年上海图书馆在全国首先推出了"手机图书馆"，并陆续推出了手机二维码应用和移动客户端，将图书馆服务的桌面终端延伸到移动终端。值得注意的是，目前仍只有少数图书馆尝试利用 APP 等新技术手段提供服务，并且其中大多是传统业务的延伸，服务的内容、形式比较单一。同时，除了上海图书馆、苏州独墅湖图书馆外，大多数公共图书馆 APP 均以超星移动图书馆为原型进行二次开发应用。以下为部分公共图书馆 APP 服务相关情况。

1. 上海图书馆移动客户端

上海图书馆作为国内首个推出移动客户端的公共图书馆，积累了较为丰富的开发和服务经验。目前，平台功能包括：书目检索——可通过题名、著者、扫描条形码和其他（ISBN、ISRC、主题等）方式检索上海图书馆书目信息，囊括上海市中心图书馆 250 多家馆的馆藏信息；读者服务——读者可查看已借图书信息并续借，借阅历史情况，办理读者证功能查询与续证；上图信息——可查看上海图书馆开放时间、阅览室服务形式，座位数具体位置等；分馆导航——定位上海市中心图书馆 250 多家分馆，选择身边最近的图书馆。目前支持安卓和 iOS 手机下载。

2. 广东省立中山图书馆移动客户端

广东省立中山图书馆推出的移动客户端除了保留馆藏查询、续借、"我的图书馆"等常规功能外，增加了部分特色功能。如"摇一摇"功能使用户了解短时间内借阅书籍名称，形式新颖；扫码借阅，通过扫描二维码轻松借阅电子书。客户端通过通用的 RSS 订阅器和电子图书阅读器，支持 RSS 源自定义、OPDS 书源自定义，实现电子图书自主导入（ePub、TXT、PDF 等多种格式）。目前，设有 iPhone 版、安卓版、iPad HD 版、安卓平板 HD 四个版本。

3. 东莞移动图书馆

东莞图书馆移动客户端设有馆藏查询、馆情公告、读者服务、馆址导航等基本功能。此外，通过个性化开发，实现了部分特色功能，如馆藏查询中包括"每日一书"推荐，读者服务中包括乘车指南等贴心服务，基于馆址导航中立足于总分馆服务体系对总馆、少儿馆、镇（街）分馆、流动服务进行了介绍。

4. 苏州独墅湖图书馆

苏州独墅湖图书馆在移动客户端建设服务方面也有着丰富的创新经验。如书目建设功能中包括了新书列表、畅销书列表等推介方式,个人中心（"我的图书馆"）中有财经历史、图书荐购等功能，馆情信息中囊括了志愿者活动相关信息公布。

二、掌上书屋——文学类 APP 盘点

现如今，在前往公司、学校、家里的地铁或公共汽车上，随处可见形形色色、老老少少的"低头族"，除了看新闻、刷"朋友圈"之外，很多人还沉浸在文学阅读世界里。那么，移动设备上有哪些值得推荐呢？笔者就此做了简单整理以飨读者。

表 4-1 文学类 APP 及其功能一览表

APP 名称	功能简介
书旗小说	集合在线、本地阅读、书包下载、自动书签、智能搜索、阅读设置等功能，支持 Wi-Fi、支持本地 SD 卡中 ePub、TXT、UMD 等各种格式文件阅读
唐诗宋词	提供唐诗三百首、宋词四百首、元曲两百首、名句两百句，诗词中还带有详细解释。新版本提供增加、修改、删除、收藏功能

续表

APP 名称	功能简介
云中书城	收录并同步更新盛大文学旗下起点中文、红袖添香、潇湘书院、小说阅读网、榕树下等网站的全部原创小说，拥有智能推荐、新书推荐等多种推荐方式
百　阅	内含数十万本图书、杂志、每天更新的连载系统，独创的书摘笔记系统可选书中内容加批注本地保存，联网上传分享给百阅好友和微博粉丝；设有木质书架及六套养眼主题界面，并有下画线和隔行换色模式
墨香搜书	每日推送起点、17K、京东、当当、亚马逊等主流网站小说及实体书店排行榜，自有 1000 万余册电子书，书籍自动关联豆瓣书评、京东当当购书评论，自带用户行为分析引擎，推荐符合用户口味的书籍
多看阅读	该阅读软件支持 TXT、ePub 阅读格式，拥有免费图书搜索，个性化分类智能书架，还有智能提取章节目录、全文搜索、快捷书签特色功能
掌阅书城	支持 ebk2、TXT、UMD、PDB、CHM、ePub 等全主流阅读格式，和各大出版社进行了深度合作，拥有较多精品书籍
安卓书吧	自身带有在线书店功能，可以提供各种类型的书籍在线、下载阅读，对下载书籍提供管理界面和操作说明，可对 SD 卡导入的 TXT 文件进行智能搜索，查询远程服务器书籍
安卓读书	拥有较多阅读资源，智慧流量技术能够节省数据流量，独有的 DIY 个性界面可实现字体任意选，还可以免流量听书

三、叫醒你的耳朵——听书功能 APP

目前，听书功能 APP 可以说是五花八门，不仅有专门的听书类 APP，音乐播放类 APP、广播类 APP 也纷纷开启了跨界发展模式。这里选取了这三类中的代表分别做简单介绍。

（一）酷我听书：音乐 APP"捞过界"

酷我音乐作为一个比较成功的音乐软件，自 PC 时代起就在数字服务领域占据了一席之地，进入移动互联时代也大放异彩。然而，你知道不安分的它也"捞过界"开发了"酷我听书"这个小弟吗？

酷我听书依托五万部有声小说，三万段相声小品，1800 档电台栏目，百万正版音乐，数十万部儿歌及儿童读物、笑话段子、名家书评、英语学习、培训资料、健康养生、文学名著等，通过最精细完美的分类、最小有声播放应用，实现省流量、无广告的免费听书体验。同时，酷我听书也着力发展自有特色资源，如袁阔成系列、酷我自制、脱口秀、百家讲坛。

（二）懒人听书：专注服务"懒人"书迷

懒人听书支持安卓、iOS、Web、WAP等平台，提供免费听书、听电台、听新闻等有声数字收听服务，是国内较受欢迎的有声阅读应用，具有有声数字内容的录制、发行与传播的完整生产链。主要包括三个功能分区：

1. 有声书城

PGC频道，以提供海量精品书籍类有声读物收听服务为主，书城内的有声读物通过懒人听书录制、购买版权、联合运营等方式更新。

2. 听吧社区

UGC频道，汇聚大量国内主播上传分享的网络电台，以脱口秀、心情讲述、笑话段子、健康养生、广播剧为主。用户可关注主播、订阅节目，分享交流资源。

3. 开放平台

内容合作频道，提供主播招募、机构合作、作家合作、资源合作等服务，为主播、作家、有声资源版权机构等提供发布渠道。

功能特点：海量资源、节目上传、下载收听、交流社区、云端同步、睡眠模式、文本同步。

（三）蜻蜓FM：广播听出精彩

蜻蜓FM是一款电台收音机APP，一方面提供3000多个国内外电台每天24小时不间断直播，另一方面还包含新闻、音乐、小说、综艺等13个分类内容。其功能特点：节目预约，准时开启收听心仪节目；录音回放，24小时内任意回听；电台闹钟，将内容设为起床闹钟；离线收听，节省有限流量。

四、其他移动阅读方式

沉浸于各类阅读 APP 应用的同时，我们也应该发现并利用各类数字移动设备自带的预置阅读功能，即设备制造商或移动通信运营商在设备内置的 APP 应用，在特定设备上一般享有使用上的便利或数据流量方面的优惠，在享受高质量阅读体验的同时或许还能节省一笔可观的费用。

（一）苹果公司的 iBooks

iBooks 是苹果公司推出的一套专用于苹果公司设备上的电子书阅读软件。iBooks 最早于 2010 年 1 月 17 日与 iPad 一起发布，并于同年 4 月份与 iPad 同时面世。iOS4 发布时宣布支持 iPhone/iPod touch。iBooks 于 2010 年 5 月在中国大陆的 App Store 上线，而 iPad 在中国大陆开始销售则在 4 个月之后。在 iOS8 正式版发布后，iBooks 预装在该系统内，用户无须另外在 App Store 购买并下载安装。

最初，iBooks 只支持 ePub 格式的电子书。iOS4 发布的时候开始支持 PDF 格式。用户可以在苹果官方的 iBookstore 购买并下载 ePub 格式的电子书，也可以将自己下载或制作的电子书通过 iTunes 同步到 iOS 设备上。

iBooks 拥有华丽的特效，如类似真实书籍的翻页过场效果，甚至让翻开的书页随着用户翻页的手指移动。不过一些特效在 iPhone 的版本里被删掉了，而阅读 PDF 的功能里则干脆没有任何特效。iBooks 还可以通过 iPad 里内置的 Voiceover 功能朗读 ePub 格式电子书的全文或选定的段落。此外，用户还可以在自己的不同 iOS 设备间通过 iCloud 同步 iBooks 的书签等信息。iBooks 亦支持书签、字体类型和大小调整、亮度调整和全文搜索等功能。

（二）Kindle 电子书

Kindle 电子书是亚马逊公司为支持 Kindle 系列设备及不同操作平台上的 Kindle 客户端而推出的网上书城。据其官网显示，目前在售电子书共计 215279

册，内容涉及现当代小说、英语有声读物、儿童图书、青少年读物、进口原版等图书类型，并提供读者星级评价系统（最高5分）。值得注意的是，其中有12673册为0元图书。

目前，三星公司部分移动设备含有预置Kindle客户端，并为三星注册用户每月提供一本精选免费图书。

（三）DIY电子书

iBooks Author是2012年1月20日由苹果公司发布的免费的电子书制作工具，制作出的电子书可以在iBooks上下载，在iPad上阅读。任何人都可以通过iBooks Author提供的诸多模板自建电子书，插入包括音频、视频、3D物件等在内的多媒体内容，同时还可以利用到HTML、Javascript等技术。使用Multi-Touch Widgets可以添加互动式照片库、影片、Keynote演示文稿、3D项目及更多元素，并可以随时在iPad上预览正在制作的电子书，完成的作品可方便提交到iBooks Store供人免费或付费下载。其具体功能见表4-2。

表4-2 iBooks Author的功能特点

功能	特点
精彩模板	精美模板能让你轻松上手，无论烹饪书还是影集，各种主题任选，横版、竖版都不在话下。在每个模板中更有多种页面版式供选择，你也可以创作个人风格的版式
拖放布置	可轻松添加文字、图形、影片等内容，让电子书以适当的方式呈现。将Pages或Microsoft Word文档拖放到图书窗格中，即可将它添加为新的章节。然后，当你把图片拖放进来时，文字就会自动围绕图片排列
轻松点击	具备制作精美电子书所需要的一切。轻点一下，便可在页面上任意一处添加文字、图形、图表、表格和Multi-Touch Widget。可以自由选择字体，为文章赋予个性；使用LaTeX或MathML编写简洁的数学表达式；添加视频和音频元素，让阅读生动起来。它使用起来同文字处理工具一样简单
Widget	为电子书增添Multi-Touch魔力：让照片库可以轻扫翻阅，让动画跃然页面之上，让滚动侧边栏可以慢慢玩味，为弹出式Widget添一抹惊喜，让3D物体与你紧紧互动

续表

功能	特点
无障碍阅读	内置的目录、词汇表、Widget、正文等更多元素均可自动利用 Voiceover 技术。将辅助功能说明添加到任何 Widget 或媒体中，包括影片和评论，即使是视障人士也可以使用
发布	如果你准备发布，iBooks Author 将帮助你将电子书提交至 iBooks 供读者免费下载。它甚至会根据选择的章节，制作电子书样本供读者试读。为了令作品保持更新，它还可以对原书进行内容升级，发布最新版本。作者还能以 iBooks 格式导出电子书，在 iTunes U 上与大家共享，或提供给每个 iPad 使用者

第三节　另类的移动阅读：数字影音与网络交互

在移动阅读世界，我们阅读的内容不仅仅局限于文字，通过各类数字影音、网络交互网站，我们也能享受到另类的阅读体验。

一、随身的音乐厅：打造自己的移动音乐库

目前，数字移动设备主要用两种方式获取并组织音乐资源，一是通过预置软件如苹果 iTunes、三星 Samsung Kies 等同步或直接购买音乐资源，二是通过安装第三方音乐 APP 进行在线试听、下载。

（一）预置软件加载音乐

苹果的 iTunes 作为一款一站式解决方案的应用成功赢得"苹果粉"的钟爱。在此我们对使用苹果产品的读者提出两个小建议。一是解决歌词和专辑封面问题。从网络上获取的音频资源一般是免费的非正式发售音乐，不附带歌词，没有转机封面，更没有完整的歌曲信息，体验效果较差。为此，建议使用谷歌或百度的音乐搜索，或在相关音乐论坛上下载歌手的整张专辑，可较为容易地获得带有详细歌曲信息的资源。二是关于同步。"同步"的过程是让移动设备与电

脑资源库一致，容易发生的"事故"是：用户将自己的手机连接到别人电脑来获取音乐，这会抹掉手机上的所有音乐，而之后同步自己的电脑资源库时又会抹掉移动设备上的音乐，需要注意。

（二）第三方音乐 APP 面面观

目前，APP 市场上的第三方音乐 APP 数不胜数，下面择选几个为读者介绍其功能特色。

1. 酷狗音乐

酷狗丽音音效，由蝰蛇（VIPER）专业打造智能均衡环绕音，并设有多种预设音效，让同一首歌有不同味道；融合酷狗收音机，包括音乐、新闻等不同类型资源；自带手机 KTV 功能，包括录音棚、KTV、音乐厅、演唱会等音效；互动社区功能，按距离定位身边好声音，结交歌友。

2. QQ 音乐

多终端音乐同步，通过登录 QQ 账号实现电脑、手机、Pad 音乐云同步；融入社交功能，可以点歌给 QQ 或微信上的好友，并可分享到朋友圈、微博、QQ 空间；独有部分音乐版权，如"我是歌手"专题系列资源。

3. 百度音乐

依托全球最大中文搜索引擎使得音乐资源量有保障，包含脱口秀、晓辉、电台等有声节目频道。

二、移动设备看视频：好片及时看

目前数字移动设备基本均内置视频播放器，同时读者也可根据自身使用习惯自行下载第三方播放软件，无须联网即可感受观影乐趣。同时，诸如优酷视频客户端、土豆视频客户端、奇艺影视等视频网站客户端也是不错的选择。

此外，目前数字视频格式五花八门，面对主流的 AVI、RMVB、FLV 等格式的视频，苹果移动产品却不支持。因此，下面介绍两种较为常见的转码工具。做好视频格式的转换也是一件必要的事情。

- MeidaCoder

一个免费的通用音视频批量转码工具，它将众多来自开源社区的优秀音视频编解码器和工具整合为一个通用解决方案，操作简单，通过少量参数设置即可达到高质量转换。

- WinMEnc

操作简单，不需要分辨率、FPS 和声音设置，轻松转换，支持批量转换和外挂字幕，转换速度快。

三、自媒体时代的网络交互

随着 Web2.0 概念的普及，互联网逐步从单向传播为主的格局进入到每个人都能成为生产者的自媒体时代，而数字移动设备技术的成熟、价格降低、移动网络传输速度的提升，使得人们能更为便捷地享受到网络交互的乐趣。

（一）微博、微信及其竞争者

2009 年 8 月 14 日，新浪借鉴 Twitter 和 Facebook 推出新浪微博，用户可以通过网页、WAP 页面、手机第三方应用程序等，将看到的、听到的、想到的事情写成一段 140 字以内的话，还可以配上若干图片，通过数字设备发布随时随地和朋友分享、讨论。随后，新浪微博大打名人牌，通过一批大 V（知名的认证账号）的号召力迅速风靡全国，以致腾讯、搜狐公司等也跟风推出各自的微博产品加以应对。彼时，人人都以玩微博为时尚，很多人都喊出微博是一场互联网革命的口号。根据中国互联网数据平台显示，整体微博用户数 2012 年 6 月份达 1.84 亿。[①]但 2013 年，微博突然遭遇寒流，无论活跃度、吸引力都大大降低。很多投入微博营销的企业也意兴阑珊，他们把注意力迅速转移到另一个新兴的微应用：微信。

---

① 李长江. 微博走向平凡[EB/OL]. [2015-5-19]. http://www.cnnic.cn/hlwfzyj/fxszl/fxswz/201207/t20120719_33387.htm.

微信是腾讯公司开发的一款主要基于手机等移动数字设备的多功能移动通信工具，用户可以文字短信、语音短信、视频短信、实时视频和图片等进行交流，同时"朋友圈"也实现了类似微博的图文分享功能，此外又增加了"扫一扫"、游戏中心、支付功能等。2011年1月发布微信1.0测试本。自推出以来，借助QQ用户数量的优势（支持QQ账户绑定登录），微信的用户数量在极短时间内迅速增加。2012年3月29日，腾讯公司总裁马化腾发微博称："终于，突破一亿。"这标志着微信进入里程碑的"亿"时代。随着微信从1.0升级到当前的6.1时代，尽管有米聊、陌陌、易信等类似竞争产品的出现，但微信凭借着三亿人的用户群造就了后来者难望其项背的移动互联网神话。

（二）网上社区及论坛

社交网站是Web2.0的重要应用之一。进入移动数字时代，除了上文提及的微博等信息发布式应用、微信等即时通信应用广受热捧外，拥有虚拟交互性质的各类社区、论坛平台逐步被接受并深刻影响人们的日常工作、生活。下面就其中较为常用的平台加以介绍（见表4-3）。

表4-3　网上社区及论坛平台

平台名称	功能特色
豆瓣	豆瓣创立于2005年3月，提供关于书籍、电影、音乐等作品的信息，无论描述还是评论都由用户提供。目前的平台包括读书、电影、音乐、小组、同城、豆瓣FM、东西等栏目，用户可以搜索别人的推荐，所有的内容、分类、筛选、排序都由用户产生和决定，看似评论网站，但像一个集博客、交友、小组、收藏于一体的新型社区网络。目前除PC网页浏览外，支持移动界面浏览及移动客户端接入
知乎	知乎是一个社会化问答网站，社区用户围绕某一问题分享着彼此的专业知识、经验和见解，由于依托"赞同""反对""没有帮助"等功能特点，能提供较高品质的答案内容。依托该平台还产生了知乎日报、知乎周刊、圆桌会议等衍生产品。目前平台可通过网页、安卓/iOS移动客户端接入，并支持微博、QQ账户登录

续表

平台名称	功能特色
天涯社区	天涯社区创办于1999年3月，经过十多年的发展已经成为以论坛、博客、微博为基础交流方式，综合提供个人空间、相册、音乐盒子、分类信息、站内消息、虚拟商店、来吧、问答、企业品牌家园等系列功能服务，以人文情感为核心的综合性虚拟社区和大型网络社交平台，并衍生出天涯日报等APP应用。目前天涯社区支持PC、移动设备页面浏览方式接入，并提供移动客户端下载

（三）自媒体时代的图文分享

目前，数字移动设备基本具备了较为出色的摄像头、先进的背部照度传感器、自动白平衡功能、理想的色彩保真度和面部识别功能等，这意味着生活中的每一个人都能成为"摄影师"。在使用过程中，一方面读者可以使用设备自带的参数设置功能如曝光度、对比度、拍摄模式等进行个性化设置，另一方面一款有趣而实用的照片处理APP也是必不可少的。

1. 美图秀秀

这是一款广受欢迎的免费图片处理软件，尤其为"自拍爱好者"所青睐，凭借着操作简单及独有的图片特效、美容、拼图、场景、边框、饰品等功能，每天更新的精选素材，可以使用户一分钟内做出"影楼效果"。

2. 足记

作为一款结合电影与地点的创新图片社交应用，它可以使用户轻松拍出电影效果图片，并用电影与字幕的方式记录生活，发现当地拍摄电影、发生的故事，在实际场景中拍摄出有趣的"穿越照"或对比图，并能通过微信朋友圈、微博等渠道发布给朋友们。

第四节 移动设备"冷知识"

移动设备之所以为人们所喜爱,并深刻地改变现代人的生活,与其强大且无微不至的功能有着密切联系。下面,笔者将就一些实用但未被注意使用的"冷知识"加以介绍。

一、用好你的Siri

苹果公司的iPhone4S推出了语音助手Siri功能,它可以用于解决很多日常生活问题。

(一)Siri变身闹钟

按住"Home"键,告诉Siri——"早上7点15分的时候叫醒我";想打会儿小盹,就说"40分钟后叫醒我"。只要准确地报上时间,Siri将是最好用的闹钟。

(二)用Siri寻找美食

告诉Siri,寻找离当前位置最近的火锅即可。如果你没附加更多的要求,Siri将反馈给你还算不错的答案。

(三)想去哪,Siri告诉你

报上要去的地点,Siri会调用地图来寻找出行路线的方案。

(四)让Siri帮助发短信

说出你要给谁发信息及信息的内容,Siri会为你输入和发送信息。

二、如何成为微博达人

看到微博达人们动辄粉丝数万,不经意间就成为话题中心,你是否心存羡慕?140个字如何发得过瘾、发得巧妙?你想让你的微博粉丝快速增长吗?如果你想成为一个微博达人,那么就先来学习下微博高手们是怎样玩微博的吧!

（一）如何锤炼 140 字

应该注意活用"关键词"设置功能，使大家一目了然。微博的具体内容写作有三个技巧：使用 1、2、3 等编号，清晰阐述自己的观点；注意口语化措辞；要善于运用 @ 功能。需要注意的是，@ 点名的人数一般控制在 3~5 人为好。最后，结尾用一个疑问句或者反问句会有比较不错的效果。

（二）发微博是否一定要加上图片

图片至关重要，新浪、腾讯微博与 Twitter 的区别在于图文并茂。图文并茂的微博，文字则一定要简短有力，点题、煽情。使用谷歌作为搜图工具，关键词选择英文将会有令人惊讶的图片。

（三）吸引粉丝关注有哪些方法和技巧

如果你刚刚开通微博，正为增加粉丝发愁，那可以试试"四五一五法则"，也就是"关注 400 人，获得 500 粉丝，体验 100 小时，某条获得 50 条以上转发"。通过"互粉"可获得 100~200 名粉丝。如何获得 500 粉丝就取决于 100 小时的体验。这 100 小时是一个最基本的时间。在这段时间的体验里，主要要思考如何使自己的微博变得更生动、有趣，如何获得更多粉丝的转发和评论。当你有某条微博获得 50 条转发量后，意味着你有了一条质量比较高的微博。根据很多研究微博的数据显示，一条微博转发超过 50 次以上就可以带来 1~2 个粉丝的增长。

（四）发微博的最佳时间

工作日：9:30—12:00，15:30—17:30，20:30—23:30。周末：上午少发，下午和晚上可多发点。

三、地图导航：自己的路自己走

不管你是"路痴"还是自由行"发烧友"，一款合适的移动设备地图导航工具都是必不可少的，下面就介绍两款实用的地图导航 APP。当然，iPhone 等移动设备或移动网络服务商预置的地图功能也是不错的选择。

（一）高德地图

高德地图是国内一款较为流行的免费地图导航产品，基于位置的生活服务功能全面，信息最为丰富。

1. 动态导航

提供交通路况实时播报，智能计算到达目的地所需的时间，避堵路线方案规划，摄像头提醒。

2. 离线下载

提供 2D、3D 离线地图，分地区下载地图包，如全国地图包、全国概要图。

3. 地图搜索

提供热门地点、线路搜索，实现公交（包括最少换乘、最少用时等）、自驾出行线路（包括最少用时、避免拥堵等）规划，并推出了打车功能。

4. 兴趣点

包括餐饮、住宿、优惠、演出、团购等信息。

（二）百度地图

百度地图是由国内互联网搜索巨头百度公司推出的一款电子地图类产品。通过其搜索框可以查询到全国各地的各类场所、公交站、电话信息，甚至对部分城市支持路口实时显示功能。它可以支持包括语音搜索在内的多样化搜索方式以及离线地图模式等，方便用户使用。

四、备忘功能：致健忘的自己

对于生活、学习、办公，日常时间安排是一项重要功能。对随身携带的移动设备进行提醒备忘功能设置，可以让自己在忙碌的生活中不至于遗落重要的事情。

（一）用设备日历做备忘

移动设备最显眼的功能莫过于时间、日期等，用户通过进入日历程序，在某个日期的时间点设置好备忘事件描述、提醒方式、重复频率等参数，就可以轻松地做好一些简单备忘功能。

（二）365日历软件

它不仅支持万年历、农历（阴历）、中国传统节日和节气，可以进行黄历查询和黄道吉日查询，同时具备农历日程、农历生日提醒功能等，并包含天气预报等。此外，还拥有密码启动隐私保护、数据备份和恢复等人性化设置。

（三）用Siri提醒日程安排

iPhone的Siri可以当闹钟用，当然也可以用它来提醒日程安排。很多人都有使用日历APP的习惯，用日历APP安排自己的各项日程。生活中的一些需要提醒的小事，完全没有必要一项项地加到日历APP中去，用Siri就可以搞定这个问题。比如说，"十点钟的时候，提醒我去刷牙"。

第五节　移动阅读尚待解决的问题

随着智能手机、平板电脑等移动设备用户的不断增加，紧跟移动阅读潮流的用户也越来越多，移动阅读已引起了学界、企业界的高度关注，在可预见的未来，移动阅读将会成为研究、开发热点之一。移动阅读在以下方面仍有待进一步发展。

一、移动阅读应用开发研究

在移动阅读领域，研究如何为用户提供更加个性化的服务尤为重要。移动阅读应用开发将趋于平台化。所谓平台化是指随着移动阅读设备的不断更新换代，移动阅读应用平台可能代替网页浏览方式。在此基础上，结合当前"大数据"研究趋势，如何通过后台算法和智能学习功能，准确为用户推送感兴趣的资讯将成为一大热点。

二、移动阅读用户行为

社交网络的不断发展，在影响人们沟通方式的同时也在改变人们的移动阅读习惯。这是由移动应用程序（微信、Twitter 等）、实时网络和社交网络（新浪、微博等）聚合发展所导致的。因此，应该从单纯调查用户基本使用行为和影响因素过渡到对移动阅读用户行为社交化的关注。

三、移动阅读知识产权

尽管移动阅读产业前景看好，版权问题却成为限制国内移动阅读产业发展的一大障碍，如果不尽快解决，将极大地影响整个产业的未来发展。一方面，国内绝大部分的移动阅读应用都在试行免费，因为没有硬性的法律规定，如果付费将不会被用户接受。另一方面，用户在购买了电子阅读器之后，除了享受硬件厂商提供的少量陈旧的电子版书籍外，最终会为网络上大量廉价盗版电子书所俘虏。盗版对于作家的创作有很大的负面影响。不仅损害作家、出版社的利益，还破坏了公平竞争的秩序。如何解决移动阅读资源的知识产权保护也影响着未来发展。

四、移动阅读对健康的影响

不可否认，移动数字设备能为我们带来极大的便捷和乐趣，但其背后的安全、健康隐患也是不容我们忽视的课题。当前，移动阅读设备由于技术限制，仍存在光线感应、LED 屏幕的蓝光危害、材质安全等问题，此外，儿童过早、过多地接触数码产品形成的视力下降、成瘾等问题也需要我们关注和解决。

思考题

1. 为何平板电脑能迅速获得用户青睐？
2. 简述安卓与 iOS 的主要特点。
3. 通过数字移动设备阅读电子书有哪些方式？

第五讲
儿童数字阅读——教育与阅读的新起点

赖丽玮[*]

当我们谈起儿童数字阅读推广,总离不开"教育"二字,仿佛脱离教育的一切功能都被视为玩耍。在现实生活中,家长对儿童数字阅读的态度多有疑虑,不少家长每天都限制儿童使用电脑或手机的时间,限制儿童上网的时间。可是,这样的"阻挡"依然无法阻止数字时代的到来,无法摆脱各种各样的信息向新一代青少年儿童发起的冲击。

如何看待儿童数字阅读的发展?对儿童而言,数字阅读究竟是洪水猛兽,还是良师益友?

第一节 儿童数字阅读的利与弊

儿童阅读,并没有一个确切的定义,但可以归纳为18岁以下的青少年儿童[①]进行的阅读活动,包括学校课堂的学习及课外阅读。儿童阅读的需求会受其年龄、成长阶段、生理心理发展等多种因素的综合影响,在其成长的不同阶段呈现出不同的需求。儿童数字阅读是属于儿童阅读的范畴,是指儿童利用现

---
[*] 赖丽玮,东莞图书馆馆员,从事少年儿童阅读推广活动的策划与举办,曾参编《经典图画书导读》等著作。
[①]《联合国儿童权利公约》(1989年)规定:"儿童系指18岁以下的任何人。"

代信息技术进行的阅读活动。儿童数字阅读的推广，势必是与儿童阅读的需求息息相关、密不可分的。

一、儿童数字阅读推广的原则

我们拥有过的童年是天真烂漫的世界。然而，当童年离得越来越远时，我们对儿童心理越来越陌生，在进行阅读推广时常常忽略了儿童的真正需求，把成人的需求和理解强加于儿童身上，不仅没有达到提升阅读的目的，反而引起儿童的反感。

在进行儿童数字阅读推广时，需要额外地考虑到儿童的成长状况和心智发展特点，为他们选择合适的阅读方法和阅读内容。总的来说，应遵循以下几个原则：符合儿童的阅读兴趣、具有教育意义、平等交流。

（一）符合儿童的阅读兴趣

"兴趣是最好的老师。"兴趣是人们对事物的喜好，体现在人们对某种事物和从事某项活动的意识倾向。阅读兴趣，其实就是人们对阅读持有的态度和倾向。有趣的是，儿童阅读兴趣与其性别、年龄、发育阶段密切相关。儿童对事物的理解和认知能力较低，正处于启蒙和初级教育阶段，阅读需要具有知识性和娱乐性，这样才能提高儿童的注意力和学习兴趣。

例如，女孩子的借阅量比男孩子的借阅量大；男孩子喜欢科幻历险的作品，而女孩子喜欢小说，并显示出比男孩子更早地阅读成人书籍的倾向。这恰恰是与儿童的成长发育相吻合的，因为女孩子的发育比同龄的男孩子要早。

随着儿童的年龄增长，阅读量也会逐渐增加，这是在儿童的阅读理解能力和记忆力的基础上逐步发展的。儿童的识字能力和记忆力提高以后，他对课外阅读的需求、自主阅读的需求也会逐渐增加。当然，现在的数字阅读发展就更能满足儿童的阅读兴趣，他们可以通过数字阅读获得集视、听、读于一体的体验，为儿童建立起更为深刻和立体的阅读感受。

根据中国新闻出版研究院组织实施的第十一次全国国民调查报告（2013），目前我国青少年儿童的阅读情况大致如下："青少年群体手机阅读接触率首次接近六成，也是此次国民阅读调查的新发现。统计表明，2013年我国14~17周岁青少年手机阅读接触率为56.8%，较2012年44.7%增加12.1个百分点，增幅高达27.1%。即时通信、娱乐和小说阅读是青少年手机阅读接触者的首选，三成以上青少年偏爱青春类小说。"[1]

由此可见，儿童的手机阅读使用率超过一半，数字阅读成为儿童阅读的重要形式。除此以外，并非只有具备阅读能力的儿童才能阅读，家庭阅读、亲子阅读成为0~8岁儿童阅读的重要方式。数字阅读推广，是根据用户的需求利用数字化工具对各种数字资源进行加工、整合、传播。因此，数字阅读必须符合儿童的心理特征，使这些儿童阅读需求理论得到有效应用，才能提高儿童的阅读兴趣。

（二）具有教育意义

通俗易懂的阅读资料能增加儿童的求知欲望，拓展儿童的知识面。同时，避免不健康读物对儿童的侵蚀，是阅读推广人必须要遵守的原则之一。著名的习性学家洛伦茨提出，印刻现象[2]只能在个体生命中一个短暂的关键期发生，在关键期内给孩子进行教育和训练，孩子的大脑就会更加聪明灵活。

根据美国心理学家霍华德·加德纳提供的多元智能理论，人至少有八项智能：语文、数理逻辑、空间、音乐、肢体动觉、人际、内省、自然观察。例如，建筑师及雕塑家的空间感（空间智能）比较强，运动员和芭蕾舞蹈员的肢体能力（肢体动觉智能）较强，公关人员的人际智能较强，作家的内省智能较强等。

数字阅读的形式正是培养儿童多元智能发展的不二之选。数字形式的阅读

---

[1] 中国新闻出版研究院：第11次全国国民阅读调查数据[EB/OL].[2015-04-17].http://www.199it.com/archives/212291.html.

[2] 印刻现象，是指早期经验和早期学习，在晚熟性和许多哺乳动物中存在，婴儿对接受刺激（母亲的动作和声音），在以后的日子里表现出相当恒常的尾随反应的现象。

资源通常包括有较为直观的立体图形和多感官的阅读体验，这是传统的纸质阅读无法比拟的。而在设计儿童数字产品时，这也成为一个教育的原则，每一个数字产品必须具备一定的"智能"培养功能才不会沦为无益的工具。

（三）平等交流

Web2.0 的诞生让每个人都成了数字公民——自由表达、个性化表现、平等地获得信息。然而，数字鸿沟也同时应运而生，尤其是面向儿童的数字阅读服务，由于地域的经济水平差异，儿童掌握计算机的水平存在差异，计算机及其他硬件设备的普及率也存在差异。阅读推广人应秉持尊重平等的原则，为缩小数字鸿沟而努力。这个原则在实践当中可以具体体现为：公共图书馆的数字资源内容应有适合儿童使用的，不能剥夺儿童进行数字阅读的权利；公共图书馆的数字资源对儿童应是免费公开的；进行计算机下乡的活动，或建立社区的电子阅览室，解决偏远地区儿童使用计算机的问题；开展免费的信息素养培训课程，提高儿童的检索能力，普及数字阅读产品的使用，等等。

二、儿童数字阅读的幸福时代

21 世纪信息时代，无疑是儿童阅读的幸福时代。多元丰富的数字阅读一改刻板苦闷的传统阅读，吸引着万千青少年儿童的眼球。我们总会看那些经典的动漫作品，我们总会忍不住分享自己的阅读感受，我们不仅能看书，还能听书了！这一切都因数字时代的到来而变得那么寻常。现在的孩子都是幸福的，因为他们在享受着信息的盛宴，走在了阅读新时代的前端。就图书而言，互联网上免费的数字资源越来越多，电子书的价格也远远低于纸质书。随着资源共享的技术逐步发展，数字阅读可以使用户花最少的时间和金钱成本而实现信息获取最大化，使人们享受数字阅读的乐趣。

（一）多感官的立体阅读体验

数字文本其实是文字、图片、声音、静态、动态的"超文本"，这样新颖的文本形式对青少年儿童是极具吸引力的，而且能给他们带来立体感很强的阅读体验。小朋友不仅能够看书，还能同时听书、读书，手指触摸屏幕还能产生不同的视觉效果。这些都符合青少年的心理发展特征，能引起他们的阅读兴趣。多感官的数字阅读有助于儿童更好地理解文本并且获得更真切的阅读体验。

（二）适合特殊儿童学习

数字阅读给有阅读障碍的儿童、盲童带来曙光，是他们学习和了解世界的重要工具。由于阅读障碍儿童是与生俱来地无法建立"形—音—义"关联，并且常有阅读跳行跳字的现象，多媒体的数字文本则恰恰能弥补这样的缺失。通过多媒体的工具，用户可以把不同的行变成不同的颜色，还可以把阅读到的文字通过机器读出来并同时放大，增加对用户的视听刺激，从而更好地帮助他们阅读。盲童则可以通过触摸的方式把"看书"变成"听书"。丰富多彩的数字化文本把七彩的世界重新带给他们。

（三）时间和空间不受限制

借助网络，文本信息的搜索范围可以扩大到整个世界，而不仅仅局限于一个国家或地区，信息量较传统文本信息要大很多。尤其是少儿阅读这一块，由于地市级少儿馆或少儿阅览室的条件非常有限，还处于发展的起步阶段，相对于成人馆来说，受到经费限制，图书种类册数和机器设备也很有限。数字阅读无疑给用户带来了极大的便利。

（四）个性化与分享

20世纪30年代，英国人类学家拉德克利夫·布朗首次提出"社会网络"的概念。在维基百科上，社会网络（Social Networking）是指个人之间的关系网络。青少年是渴望建立这样的社会网络的，他们往往乐于分享，并且希望得到陌生人或者熟悉的人的回应。社会网络理论的应用很多。例如豆瓣网上就集聚了这样的书虫，他们爱阅读，也爱写评论，对图书、电影打分和评价。网站进行综合评分并对用户提供参考。用户还可以把自己想读、已读的书进行标记，增加互动性。这样的互动和分享恰恰就满足了青少年的社交需求，增强他们的阅读动力。

三、少儿数字阅读的隐忧

（一）对青少年视力的影响

长时间双眼紧盯荧屏，荧光屏幕上各视力点间的亮度和视距频繁闪烁变化，眼睛为看清屏幕文字、图形等信息内容，必须紧张地进行自我调节。这样，眼睛的调节肌——尤其是睫状肌必须频繁活动，久之睫状肌就会疲劳。屏幕辐射出的电磁波中含有小剂量 X 射线，对眼睛的晶状体有一定影响，直接影响到视力。[①]因此，如果青少年长时间看电脑或手机屏幕，容易因眼睛调节加强，造成调节性近视。

（二）网络依赖症

过于便捷的信息获取渠道，容易让青少年儿童依赖互联网进行信息搜索，而缺乏自己对问题的思考、探索的过程。"'百度'一下，你就知道。"现在的儿童有问题"百度"就可以了，而对于百度的答案是否准确则不会考虑太多。由于网络，儿童解决问题的能力大幅降低，独立思考的空间大幅缩减，造成他们对网络的依赖症。

（三）数字资源良莠不齐

我国的少年儿童读物出版中近年来有随大流、赶时髦的现象。由于信息传播迅速，部分读物就特别容易"火"起来。像近几年的图画书阅读推广，不少劣质的出版商把只要有图的图书都设标签"图画书"，让出版市场鱼目混珠。虽

---

① 周法元，荧光屏幕与眼睛，[J] 家庭医学，1997（11）:43.

然这些图画书并不涉及暴力、黄色等不当内容，但是故事性欠缺，教育意义也不大。

（四）法律及道德风险

谈起网络，家长难免有"谈网色变"的恐惧。然而数字阅读往往就是离不开网络，因此，网络成为一把双刃剑，既是信息的康庄大道，又是家长趋而避之的"痛"。

在我国的法律中，对未成年人使用互联网的限制主要涉及网络游戏。《网络游戏管理暂行办法》法律规定："根据网络游戏的内容、功能和适用人群，制定网络游戏用户指引和警示说明，并在网站和网络游戏的显著位置予以标明。以未成年人为对象的网络游戏不得含有诱发未成年人模仿违反社会公德的行为和违法犯罪的行为的内容，以及恐怖、残酷等妨害未成年人身心健康的内容。网络游戏经营单位应当按照国家规定，采取技术措施，禁止未成年人接触不适宜的游戏或者游戏功能，限制未成年人的游戏时间，预防未成年人沉迷网络。"

由此我们可以看出，不管是站在法律立场还是家长的立场，在青少年儿童上网的内容和游戏时间方面都是社会及家庭关注的重点。

第二节 图书馆儿童数字阅读服务

一、图书馆儿童数字阅读服务的现状

（一）国内图书馆儿童数字阅读服务发展现状

国内的儿童数字阅读服务基本是基于网站平台进行的。为了改善儿童的数字阅读条件，让儿童可以获得丰富的、安全的、绿色的、免费的信息资源，图书馆需发挥重要的作用。2000 年，"中国少年儿童信息大世界——网上图书馆"

项目启动。该项目是文化部的科技项目，由深圳少年儿童图书馆牵头，联合全国14个省市少儿馆共同建设完成。随着城市的发展与公共图书馆的发展，我国公共图书馆在少儿服务方面迈出了一大步。截至2012年，我国独立建制的少儿图书馆约99个，此外，属于公共图书馆的少儿阅览室约2200个。目前的儿童阅读形式主要包括自主阅读、分享阅读、亲子阅读及分级阅读等。其中亲子阅读在近年来最受欢迎，在业界中最受重视。中国图书馆学会将2009和2010年分别定为"儿童阅读年"和"亲子阅读年"。这两个主题年得到了全国百余家公共图书馆、少儿图书馆积极响应，大家纷纷展开了少儿阅读研究、引导和推广活动，"少儿阅读热"迅速在全国图书馆界蔓延。

为了全面了解国内图书馆儿童数字阅读服务的现状，笔者选取12个少儿馆作为研究对象，通过调研，总结出这些图书馆目前主要的信息服务功能。

表5-1 国内图书馆少儿信息服务功能一览表

图书馆	导读	检索	活动宣传	课程辅导	购买少儿数字产品	益智游戏	互动（投票或微博微信、在线客服等）
国家少儿数字图书馆	●	●	●	●	●		
首都图书馆少年儿童图书馆	●						
天津市少年儿童图书馆	●		●	●	●		●
陕西省图书馆少儿分馆	●						
上海少儿信息港	●		●		●		●
温州市少年儿童图书馆	●		●		●		
厦门市少年儿童图书馆	●		●		●	●	●
深圳少年儿童图书馆	●						
大连少年儿童图书馆	●						●
东莞图书馆少儿分馆	●	●	●		●	●	●
广州少年儿童图书馆	●	●	●		●		
重庆市少年儿童图书馆	●	●	●		●		

说明：表中有"●"的表示该少儿馆具备相应的功能。

1. 服务内容

各地图书馆均能利用本馆资源开展导读信息服务，并提供图书检索。而儿童数字阅读产品，则主要通过购买的方式，产品种类大同小异，主要有中少快乐阅读平台、乐儿少儿科普视频、少儿多媒体图书馆等。读者可以通过图片、视听的方式浏览，但是目前的电子书资源及益智游戏资源很少，少儿电子期刊是主要的在线阅览资源。

2. 网站界面设计

各地图书馆的网站都为适应青少年儿童的特点，采用色彩丰富、富有童趣的界面设计。但是大多的操作按钮是以文字作为链接口，不是非常显眼、明确，点击以后没有更多的操作提示。而且大部分资源都需要登录或注册后使用，这些操作并没有因适应儿童而简化，幼儿需在家长的指导下操作。甚少少儿图书馆开发手机图书馆网页或 APP，界面设计仍停留在 PC 上使用。

3. 儿童数字阅读的发展趋势

网站与博客、微博等联合实现互动，促进少儿活动组织。例如，温州少儿的毛毛虫上书房博客通过网站及博客相结合的方式，定期进行阅读分享活动。博客于 2008 年开博，以馆藏图书为依托，发动馆员、家长、老师一起参与到活动中来，凝聚了一大群热爱阅读的孩子和家长。毛毛虫上书房结合阅读课开设博客，举办家长座谈会，向家长灌输亲子阅读的理念，并介绍指导孩子阅读的技巧和方法，获得"2009 年全国图书馆服务案例一等奖"。

部分图书馆提供了专项服务，例如心理咨询、在线客服等。这些细致的人性化的服务更有利于青少年儿童在使用中获得帮助，让"冰冷的"的电子屏幕变得"温暖"。儿童的手机图书馆及手机 APP 有待开发完善，移动阅读可以提高受众对象的使用率。

（二）国外儿童数字阅读资源

国外的儿童数字阅读资源类型丰富，不仅有综合性的图书馆门户网站，还有主要面向学龄儿童，为其提供学习课程相关资源的教育类型图书馆网站，还有一些网站专注于为与儿童相关的某一专题提供服务，例如在线心理学实验室（Online Psychology Lab）。

这些儿童数字阅读资源以国际儿童数字图书馆最具代表性。它由美国马里兰大学和一家位于旧金山的非营利组织"因特网档案"（Internet Archive）共同设计完成，于2002年11月上线。到目前为止，该网站拥有了海量的儿童数字资源，涵盖了各种类型的电子书，提供免费在线阅读。

这些网站的主页都是免费向公众开放。同时，界面设计十分人性化，不仅采用鲜艳活泼的背景颜色和卡通样式的点击按钮，还在检索过程中尽可能使用简便、可视化的通道，使儿童在没有成人的指导下也能学会使用。

图5-1 国际儿童数字图书馆网站上的按钮设计

除了数字图书馆网站以外，电子书包的推行是儿童数字阅读的一个重要方面。电子书包可以囊括海量的课程内容和学习资源，而新加坡就是"第一个走进电子书包时代的国家"。在日本、韩国、美国等发达国家，电子书包的推行走在了前面。值得一提的是，向低收入家庭的学生免费提供电子书，可以减少儿童的数字落差并大幅提升学生主动学习的能力。

二、图书馆儿童数字阅读服务的内容与特点

"数字信息服务，是根据用户的需求，利用数字化工具对各种数字资源的收集、加工、传播的整合过程。"[1] 图书馆的数字信息服务，是指图书馆将收集到的各种信息进行加工、处理后，利用各种数字化方式为用户提供信息产品和服

---

[1] 王立清. 网络环境下的图书馆信息服务 [J]. 情报杂志，2001（02）:29.

务，是满足信息需求的有组织的活动。[①]图书馆传统服务的数字化，是让读者通过互联网利用图书馆的基础性服务。但儿童数字阅读服务绝不仅仅局限于此，根据国内外的网站分析，儿童数字阅读服务内容还应包括以下几个方面。

（一）书目的查询与索引

书目的查询是每个图书馆网站最主要的服务功能。信息搜索是数字时代人们不可或缺的工具。人们利用搜索引擎，可以更快地找到所要的内容和信息，提高做事的效率，资源也能得到高效的利用。在数字阅读时代，推荐导读是图书馆开展儿童数字阅读推广的重要内容。在儿童阅读推广中的书目推荐，尤其要适应其年龄特征，需要分级分类推荐。

为了提高搜索的效率，编目时，就必须提供更多的主题词，例如在编目过程中增加"适读的年龄""书目内容主题"等。这里的内容主题不是采编时的中图法分类，而是针对书目的内容进行主题细分。如，同样是图画书，可以进一步细分主题——科普、情绪、亲情等主题，让儿童更清晰地了解并提起阅读的兴趣。

（二）活动宣传与报道

儿童阅读推广与活动密切相关，通过活动的组织与策划可以吸引更多的读者参与数字阅读。由于儿童注意力集中的时间不长，活动成为儿童参与的重要形式。图书馆阅读活动信息的宣传，不仅可以提高活动知名度，还可以发掘潜在用户，提高用户量。目前，如果想综合地了解一个地区的儿童阅读活动，就是通过网站进行了解。而网站如果有丰富的阅读资源，也会提高用户的注册率和资源的使用率。

（三）在线阅读与浏览

在线阅读与浏览是信息服务的主要内容，也是儿童进行数字阅读的主要形

[①] 杨建林. 电子服务的概念与内涵[J]. 情报理论与实践，2008（05）：670-674.

式。出于版权保护的需要，大部分的数字资源都不可下载，用户通过注册登录或进入已购买资源的馆方 IP 接入口才能进行在线阅览。在线阅览减少了阅读软件解码的麻烦，无须下载多个浏览器去释放文本，也减少了用户多处注册的麻烦，用户可以通过图书馆的一站式阅读平台浏览多个数字资源库。

（四）课程辅导与学习

公共图书馆是学校教育的有效补充。蔡元培先生曾指出："教育不仅在学校，学校之外，还有许多机关，第一是图书馆。"公共图书馆的未成年人服务具有特殊性，它涉及儿童成长的各个阶段。首先，对于低幼儿童（0~3岁），图书馆是他们认识世界、探索世界的地方。通过玩玩具、听声音等方式，幼儿能用多个感官感知世界。到了学龄期（6~12岁），图书馆是未成年人学习知识的第二课堂，承担着教育和服务的双重责任。图书馆不仅要进行阅读推广，现在已扩展成为文化服务，通过多元化的、综合的手段满足未成年人的精神文化需求。例如，天津市少年儿童图书馆设有教学资料室，不仅提供教学用书资料，还有家教指南，让家长老师都能获得教学的帮助，为家长开展课外辅导提供了帮助。

（五）专题服务

专题服务是专门针对未成年人进行的信息服务。如厦门市少年儿童图书馆的心理咨询服务。儿童心理健康教育与心理咨询是厦门少儿馆为广大少年儿童、家长、教师提供的公益性服务，也是一项长期开拓的服务内容。厦门市少年儿童图书馆基于这一特色服务，在网站开设专题服务板块，提供网上心理咨询、网络在线咨询，及时解答同学们的各种心理问题。同时，专题服务板块还提供了一些案例分析和讲座手记，帮助儿童和家长获得知识。

三、存在问题分析

纵观我国的图书馆儿童数字阅读服务现状，问题主要在于读者需求与现有服务的矛盾。读者倾向于使用免费的公开的资源，例如到搜索引擎上进行信息搜索，而图书馆数字信息资源的开放程度无法满足。这样的矛盾可以归结为以下几个问题：理念不足、资金短缺、数字资源数量偏少、访问受限、缺乏互动。

在宏观层面，首先，图书馆服务一直以平等、公平、开放作为核心理念，但在少儿信息服务中并没有完全践行这些理念，数字资源的公开程度低，更新不及时等都与先进的服务理念背道而驰。另外，馆藏资源数字化和购买儿童数字产品都需要资金支持，因此，数字阅读的服务和推广受到政府意识和投入的影响，与财政支持密切相关。

在微观层面，首先，由于版权原因，馆藏的资源数字化比例不大，且数字资源均设置了访问权限，这大大地降低了用户的使用体验，使得对读者的推广受到限制，与互联网一些公开的儿童网站相比，读者更倾向于选择后者。其次，大部分的图书馆平台虽然提供了留言和微信的功能，实现在线咨询和点评分享的却是少数。最后，专题信息服务欠缺，只有少数几个图书馆基于自己的特色阵地服务开设网上服务，大部分的图书馆平台提供的服务内容相似，功能相似，对读者缺乏吸引力。因此，专题服务和特色自建数据库有待进一步建设发展。

第三节　儿童数字阅读产品

一、教育服务

（一）亲子阅读（0~8岁儿童及其家长）

1. 红泥巴村读书俱乐部

红泥巴村读书俱乐部是一个纯粹的儿童网站，立足原创，为孩子们提供安全、有趣且有益的交流平台。其网站创始人阿甲是著名的儿童阅读推广人、儿童文学研究者。红泥巴网站，在儿童文学阅读推广，尤其在绘本阅读推广方面起到了重要作用，是亲子阅读必备的参考网站之一。

红泥巴村创设的栏目最大的特色是，一半以上的栏目基本上由孩子们自行管理，将近50名"巡逻队员"将村里治理得井井有条。特别是《E人杂志》栏目，从供稿、编辑、审查、发布，基本上全部由孩子们自己完成，它很可能是国内互联网上第一个完全由孩子们自行管理的网络杂志。

2. 小书房

小书房的前身是由儿童文学作家漪然自己制作的一个儿童文学主页，现在发展成为一个为儿童阅读推广而存在的公益性网络互动平台。网站提供在线阅读资料及各地小书房组织的活动信息，设有亲子阅读的问答专区，通过去读、去玩、去秀、去说等板块凝聚了一大批儿童文学爱好者，为读者提供自主交流、共享阅读的平台。

小书房现在已经形成了一个公益团队，通过网上网下联合的互动方式，为儿童阅读推广奉献着一份力量。

（二）中小学生阅读（9岁以上儿童及其家长）

1. 中少快乐阅读平台

中少快乐阅读平台是中国少年儿童新闻出版总社为0~18岁青少年读者打造的数字阅读全体验平台。内容包括幼儿、小学、中学、高中各个年龄层读者的电子书、漫画、益智游戏等。内容全面，有丰富的故事、儿歌、国学经典、趣味科普、游戏等，而且适用的年龄范围广，资料丰富且有条不紊，是集视听于一体的一个综合性网站。

2. 万方数据中小学数字图书馆

万方数据中小学数字图书馆是一个专门针对中小学教学应用的数字图书馆产品，旨在为全国中小学教师、教研人员和学生提供"一站式"教育教学资源服务。

该数字图书馆以教辅资料为主，实用性非常强，提供历年考试真题下载，设有对课堂知识点有深入详解的微课辅导。

3. 乐儿少儿科普视频

乐儿少儿科普视频是一款高端教育型科普动漫数字资源产品，该产品以儿童喜欢的动画短片为表现形式，为儿童提供最好的科普试听学习资源。内容划分为自然常识、植物趣闻、海洋世界、科学环保、人体构成、生物细菌、机械工业、健康生活、历史人物、世界地理等栏目。乐儿少儿科普视频的形式活泼新颖，内容明确严谨，提供搜索功能及多款益智类互动游戏。

4. 少儿多媒体图书馆

少儿多媒体图书馆是爱迪科森教育公司倾力研发的一款面向全国少年儿童的网络自主学习平台。它凝聚了众多国内儿童教育界知名专家，整合了数千部内容新颖、制作精美的多媒体课件，辅以轻松的表现形式、精美的动画风格及简便精良的实用功能，实现了学与玩的良性互动，是不可多得的少儿类教学精品。该数字图书馆以视频为主，形式活泼，内容丰富且全面。

二、动漫专题

1. 中华连环画阅览室

中华连环画阅览室是将我国优秀的连环画作品进行数字化加工，分门别类地加以整合，以图书馆阅览室的形式，通过互联网为大众读者构建一个连环画网络出版与阅读的平台。阅览室有中国古典四大名著、中华成语典故专库、中外少年阅读典库、民间故事传说典库等共6000多册。它以连环画的形式诠释名篇佳作，提高儿童的阅读兴趣。

2. 点点书库

点点书库是由点击书公司研发的数字动漫平台及书库。根据书籍中心内容和适龄范围，分为国学文教库、休闲幽默库、神话英雄库，这三大漫画书库内容丰富。点点书库弥补了目前电子书籍市场上漫画内容部分的缺乏，设有DIY电子书及电子书工坊，可以让儿童体验电子书的制作。

三、图书馆自建的特色数据库

有些图书馆专门针对青少年建立数据库,并形成了特色。比如"广州记忆(青少年版)"。该数据库由广州少年儿童图书馆自建,以听故事、看动漫这种青少年喜闻乐见的方式宣传传统文化。该数据库主要向青少年介绍广州的岭南特色文化,有粤语故事、广东本土童谣、岭南特色地名趣谈、本地名胜古迹等栏目。以地方文化为背景,提供宝贵的视听资料,各个板块都富有童趣,十分吸引青少年儿童。

首都图书馆专为少年儿童而设计制作了"动漫在线",该库是首都图书馆自主研发、拥有全部知识产权的原创动漫短片库。这些短片内容包括名人故事、北京的文化故事、文明礼仪、安全知识等,涉及儿童成长的各个方面,以动漫这种儿童喜闻乐见的形式呈现出来。

四、儿童数字阅读的新形式

(一)有声书与电子互动绘本

1.有声书(有声读物)

有声书也称为有声读物,是传统书的一种衍生形式,由专业人士播讲文稿,可在线收听,又可以将作品制作成光盘或灌入 MP3 随身听等播放设备。最为常见的有声读物是有声小说、有声童书。

资源推荐:

《聆听经典》(湖南电子音像出版社)、好看听书网、喜马拉雅FM——国内最大的音频分享平台。

有声书的优点在于无须用眼睛看,是学习障碍儿童和盲童的好工具;由于由专业人士录播,富有感情的朗读对听者也是一种吸引,加上一些音效的制作,非常具有画面感,能更好地帮助听者理解文稿。不少著名的说书艺人拥有着众多的粉丝,听众会产生浓厚的兴趣继续收听故事。

但由于制作技术门槛低,任何对录音感兴趣的人都可以制作有声书，他们有的专业水平不足，影响朗读效果。同时，有声读物与互联网有着密切的关系，使得有声读物的制作和网络传播面临着难于监管的现实，难以摆脱有声读物的构成内容五花八门、鱼目混珠。

2. 电子互动绘本

电子互动绘本是电子书的一个分支，是传统绘本的电子衍生品。相对于传统的纸质绘本，电子互动绘本不仅从影像、视听角度对绘本艺术进行了再创造，并且加入互动元素，使读者在阅读过程中能主动参与故事，获得更多乐趣。它可以轻松地将视频、音频和互动性结合在一起，其本质上是一个软件应用，它用平板电脑使用户能在阅读的过程中得到声音、影像、触碰等交互式的体验。

电子互动绘本在界面设计和内容上充分考虑儿童用户的心理特征，采用色彩明亮活泼的图形界面来吸引读者，并尽量减少用户输入，"文—声—像"一体化，把电子绘本变得更为立体，互动性强。但由于制作难度大，目前的电子互动绘本不多，而且没有得到广泛推广。

> **资源推荐：**
>
> iOS系统软件中的《爱丽丝梦游仙境》。

（二）认识电子书包

电子书包包括教材教辅、教学资源、"学"与"教"平台，以及由此构建的新型教学模式——集学、练、评、拓于一体的网络化便携式的"电子课堂"。电子书包的容量大，内容丰富，可以储存约两万本电子书。电子书包，就如一座便携式的图书馆，有针对性地指导学生学习，资源也能得到及时更新。

教育部《国家中长期教育改革和发展规划纲要》（2010—2020）提出要"加快信息化进程"。北京市积极推进"绿色电子书包计划"。上海市教委也在全市推广电子课本，提出推动电子书包和云计算辅助教学的发展。人民教育出版社正在尝试有效的网络教材，探索网络技术对课程设置、教材编写、课堂教学、课后自学、评价等可能带来的冲击及解决方案。电子书包集优秀师资、优质教学、优质海量教学资源于一体，缩小了学校、教师的基础性差异，体现"教学公平"。但电子书包的发展必须由政府主导，职能部门牵头组织和实施电子书包开发与推进。

电子书包的发展同时也受到电子图书发展的影响，一方面是教学教材的数字化，另一方面是课外资源的数字化。教材的数字化可以通过出版社支持解决，但是学生的课前预习、课后练习及反馈评价等相应的辅助资料和学习工具缺乏支持。

（三）益智游戏

1. 儿童是否有必要参与益智游戏

益智游戏既具备娱乐功能，又具备锻炼人思维能力的功能。游戏是儿童的天性，儿童在游戏中获得生活经验。儿童的早期教育需要游戏的加入以协调儿童发展的各方面。益智游戏具备良好的感官体验，可以实现人机交互，且规模较小。

2. 如何选择益智游戏

益智游戏可以激发学生对未知问题的学习和思考，并发掘学生的潜力。根据预期达到的效果，可以选择不同功能的益智游戏。大部分的益智游戏有规则设计与一定的训练目的，例如锻炼逻辑思维的、锻炼肢体协调能力的、锻炼空间几何感的，等等。目前比较流行且内容类型较为丰富的儿童益智游戏是手机游戏和玩具。下面就以手游进行一些益智游戏手机软件推荐。

脑力战争： 儿童教育游戏，即时对战型脑筋训练游戏，和全球玩家进行脑力较量。

割绳子： 整个游戏采用触点操控方式，玩家需要割断绳子把糖果送到青蛙的口中，并收集金色星星，发现隐藏的画作并解锁新的关卡。

愤怒的小鸟： 这款游戏的故事相当有趣，为了报复偷走鸟蛋的肥猪们，鸟儿以自己的身体为武器，仿佛炮弹一样去攻击肥猪们的堡垒；鸟儿的弹出角度和力度由玩家的手指来控制，要注意考虑好力度和角度的综合计算，这样才能更准确地砸到肥猪。

步步为赢：一款结合数独和推箱子的益智游戏，玩家需要对游戏中的空缺位置做出合理的规划，通过推动冰块将空缺位置填充。

传统的纸质的阅读模式已经不能满足儿童的阅读需求。信息技术被运用到了儿童阅读推广上，不仅创造出了有声书、电子书等非常有趣的阅读新形式，还产生了众多以推动儿童阅读为目标的数字阅读网站和资源。目前，儿童阅读推广活动不管从资源、宣传还是活动组织方面，都已经离不开信息技术的支持。而这些儿童数字阅读产品注重儿童的学习，提供了安全的绿色的网络资源，并且能有效地提高儿童的阅读兴趣，已被国内各大少儿馆及家长所认可。

思考题

1. 少儿数字阅读资源不一定要与学生的课程内容相关，如何处理用户"急功近利"的心理，让"功利阅读"转变为"兴趣阅读"？
2. 数字阅读推广如何与传统的图书相结合？

第六讲
大学生数字阅读那些事儿

高晓晶　侯　壮[*]

与传统的纸质出版物相比，数字化电子出版物具有存储量大、检索便捷、便于保存、成本低廉等优点，因此数字阅读日益受到人们的欢迎和追捧。其中，大学生作为一个阅读频率较高、较容易接受新技术和新事物的特定群体，他们的数字阅读状况是怎样的？高校图书馆面对这样的用户群又该如何推广数字化服务，并做好大学生数字阅读的指导呢？

第一节　数字时代新阅读：大学生数字阅读现状

2015年4月发布的第十二次全国国民阅读调查结果公布：2014年我国成年国民图书阅读率为58.0%，较2013年上升0.2个百分点；受数字媒介迅猛发展的影响，数字化阅读方式（网络在线阅读、手机阅读、电子阅读器阅读、光盘阅读、Pad阅读等）的接触率为58.1%，较2013年上升8.0个百分点。[①]由此可见，数字阅读及多媒体综合阅读的比例在成年国民中持续增长，已经成为主流。而大学生作为一个阅读频率较高、较容易接受新技术和新事物的特定群体，数字阅读的趋势更为明显。

---

* 高晓晶，电子科技大学图书馆馆员，研究方向为数字阅读与网络阅读。侯壮，电子科技大学图书馆副馆长，副研究馆员，作为项目负责人主持有关阅读推广及资源建设方面的课题。

① 新华网.第十二次全国国民阅读调查结果公布[EB/OL].[2015-04-21].http://news.xinhuanet.com/zgjx/2015-04/21/c_134168573.html.

一、大学生数字阅读的总体概况

随着数字阅读的兴起，越来越多的大学生使用数字阅读网站和移动阅读终端来浏览资讯、学习阅读和分享交流。大学生们利用图书馆的方式也发生了根本性的变化，他们只需用电脑或者智能手机连接上校园网，就可以在校园的任意角落来访问图书馆的信息资源。例如，通过图书馆知识发现系统查找本馆与其他馆文献资料，利用中国知网、万方、维普及 Elsevier、SCI 等中外文学术数字资源进行信息查询、资料搜集、阅读、论文撰写等，学习方式变得方便快捷、灵活主动。

（一）数字阅读群体占比远超传统阅读

图 6-1　大学生阅读方式的选择倾向

图片来源：赵树旺，赵菲.大学生数字阅读趋势及其产业意义 [J].现代出版，2014（1）:45-46.

图 6-1 是 2014 年针对北京、河北两地的高校学生（包括新闻传播学、建筑学、文学等专业的 700 名研究生和本科生）发放问卷 700 份，收回有效问卷 697 份。统计的结果显示，74% 的受调查大学生倾向于数字阅读。[①]

[①] 赵树旺，赵菲.大学生数字阅读趋势及其产业意义 [J].现代出版，2014（1）:45-46.

此外，多项针对大学生的问卷调查结论中，数字阅读占比都远高于传统阅读，高校图书馆不得不去思考如何使大学生多样化的数字阅读需求得到满足。

（二）移动阅读终端的使用比例超越 PC

多数受访大学生选择手机和个人电脑作为自己首选的数字阅读设备，并且，大学生手机阅读比例已经超过电脑阅读，位列数字阅读终端使用比例之首（见图 6-2）。而 iPad 类平板电脑和 Kindle 类专用电子阅读器都经历过爆发式的销量增长，人们对平板电脑的未来持乐观态度，因为平板有更丰富的媒体功能，其功能也更类似于电脑。

显然，对于大学生来说，功能丰富而低价的智能终端具备更大吸引力，也更能促使数字阅读呈爆发之势。包括手机、平板电脑和类似于 Kindle 的专用电子阅读器在内的移动阅读终端，在年轻人群体中的使用比例终将超越 PC，并且差距将越来越大。[1] 包括高校图书馆在内的教育文化机构，应从移动阅读的做法中汲取经验，借力各阅读终端，为读者创造便利的数字阅读内容与平台。

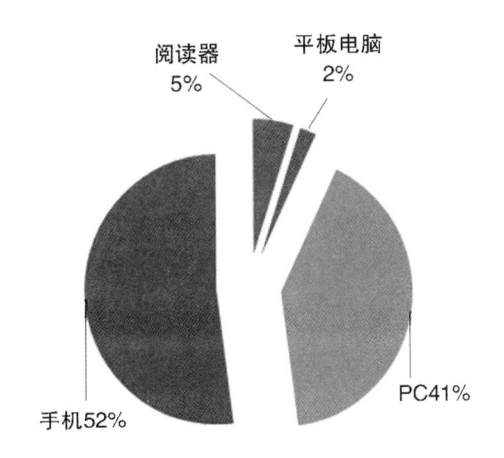

图 6-2 大学生数字阅读终端使用比例

图片来源：赵树旺，赵菲. 大学生数字阅读趋势及其产业意义 [J]. 现代出版，2014（1）：45-46.

---

[1] 赵树旺，赵菲. 大学生数字阅读趋势及其产业意义 [J]. 现代出版，2014（1）：45-46.

二、大学生数字阅读的特点

阅读是高校大学生求学求知的重要途径。随着网络和技术的发展，近年来，学生阅读状况发生了很大的变化。通过对比分析清华大学、人民大学、北京师范大学、电子科技大学等几所高校图书馆的调查结论[①]，可以得出大学生群体的数字阅读现状具备以下几个特点。

（一）"碎片化"

"碎片化"是数字阅读尤其是移动阅读最为普遍的特点。不只是大学生群体，即便是普通受众，数字阅读时间也要受工作制约。而且，随着网络应用的发展和信息技术的普及，受众的阅读渠道越来越多样化，信息资源越来越丰富，任何一款应用平台都难以占用受众的太多时间。

大学生用户几乎都有每天进行数字阅读的习惯，但多数的学生每天用于数字阅读的累积时间低于两个小时。究其原因：一是因为大学生群体与普通读者不同，其课外活动多样化，使其没有专门时间进行数字阅读；二是可能耽于电子游戏与网络聊天等；三是学业使其不能全身心投入数字阅读。

（二）内容为王

大学生群体在选择数字阅读平台进行数字阅读时，最先考虑的因素是平台的内容资源是否丰富和优质。可见，无论是传统出版物还是电子书，俘获大学生读者的第一要素一定是好内容。此外，交互性能良好也是大学生群体关注的重要要素。良好的交互性能及优美的视觉设计可以有效提升阅读的愉悦感。

（三）兴趣集中

浏览资讯与在线免费阅读成为大学生群体使用数字阅读平台的首选，购买

[①] 刘斌，李刚，郭依蕊，田娇. 北京市大学生数字阅读现状调查[J]. 东南传播，2013（4）：94-98.

电子书几乎排至末席。可见，数字阅读之所以受到追捧，很大程度上是因为物美价廉。此外，在数字阅读的过程中进行社交已经成为大学生群体中不可小觑的使用需求。阅读为社交提供内容，社交激励阅读热情，两者结合起来也可能成为提高数字阅读平台用户黏性的方法之一。

（四）深度学习的抉择

尽管数字阅读资源大受追捧，但当调查到大学生更喜欢数字教材还是纸本教材的时候，答案就不太统一了。喜欢数字教材的大学生认为，数字教材图文并茂、轻便、适合自己的专业，而传统纸书太重、"翻书"的感觉不在乎是电子书还是纸质书；而喜欢传统纸质教材的大学生则认为，纸质教材有厚重感，有书香（墨香），不伤眼睛，有读书的感觉。总之，关于数字教材还是纸质教材更适合大学生进行深度学习的话题仍没有定论，两种教材互相结合与补充的学习方式也许会成为多数大学生的选择。

三、大学生数字化阅读与学习的发展趋势[①]

数字阅读与学习的发展趋势呈现新特点，主要包括：

（一）个性化

个性化不仅仅是个体化或差异化，而是使学习者能够自由选择学习内容、学习时间及学习方式。

（二）移动学习

移动学习是指通过手持设备，如智能手机、平板电脑等移动设备进行学习的方式。移动学习能够带来的好处在于：访问的便捷性、多媒体学习类型、情景化学习等。

---

① 2015 年 E-learning 发展趋势（一）[EB/OL].[2014–12–10]. http://bbs.aieln.com/article-8781-1.html.

(三)大数据化

大数据能够使人们更深入地了解学习过程、有效跟踪学习者及学习小组，有利于课程的个性化。

(四)游戏化

游戏化是将游戏机制及游戏设计添加到阅读和学习中，以吸引学习者，并帮助他们实现自己的学习目标。游戏化是利用学习者获得成功的欲望及需求。

高校图书馆应顺势而为，针对本校读者特点做好服务转型与改革，为读者提供与时俱进的服务。

第二节　陪你爱上阅读：高校图书馆数字阅读指导探析

面对数字阅读方式的普及，高校图书馆必须进行两方面的工作：一是针对目前数字阅读存在的问题，积极寻找解决方案；二是针对大学生数字阅读行为进行深入的研究分析。

一、大学生数字阅读存在的问题

数字阅读具有一些传统阅读无法比拟的优势，但同时也不可避免地带来一定的问题。数字阅读终端的局限，传统阅读体验的丧失，都给阅读者的心理、行为及阅读效果带来了一定的负面影响。[①]

(一)内容庞杂，缺乏指导

数字阅读的内容非常丰富，既有高校图书馆提供的中外文不同形式的学

---

① 陈丽云.大学生数字阅读指导探析[J].高教论坛，2014（4）：86-88.

术数字资源，也有生活资讯、娱乐体育、情感婚恋、小说等方面的内容。内容虽然丰富但缺乏整理、分类，相对庞杂、凌乱。我们发现，当大学生浏览新浪或搜狐等门户网站的时候，主要还是浏览时事要闻或者文娱、体育等方面的资讯，而很少打开诸如读书、文化、历史等栏目认真深入地阅读。可见，网页阅读多数只局限于新闻资讯与时尚娱乐之类的内容，缺乏一定的思想深度。所以，浏览网页类的阅读是一种快餐式阅读，数字阅读在这种情况下很难具有思想性和学术性。

据调查，现在大学生的数字阅读随意性较大，既缺乏课任教师的引导，也缺乏图书馆教师的指导。所以，加强对当下大学生数字阅读的指导是完全有必要的。

（二）零碎浅阅读，缺乏系统性

现在的大学生群体几乎随时随地都在使用手机、电脑等终端进行阅读。阅读的内容可能有电子书、CNKI等数据库期刊论文及其他资料，更多的内容可能是新闻资讯，甚至游戏、视频。因而，他们正在逐渐地减少或放弃传统的纸本阅读，甚至以数字阅读取代传统阅读。这个现象可以从大学生借阅图书馆纸本图书的数量在逐年减少这一事实而得到印证。

一般来说，传统的纸本阅读更深入，更具系统性，所以传统阅读方式的削弱、传统纸本阅读数量的下降让我们不禁为大学生们阅读的深入性和系统性而担忧。

（三）影响独立思考与探究

在当今数字环境下，部分大学生存在懒于思考的问题。造成这种不良后果的原因之一与现在网络太发达、资料获取太容易有关。遇到问题时，只需要用电脑或者手机去网络上寻找资料和答案即可，一定程度上放弃了认真思考的机会。所以说，网络发达、数字阅读便利对于正在学习成长中的大学生来说也是一把双刃剑。

二、对症下药：高校图书馆数字阅读导引策略

针对数字阅读存在的问题，高校图书馆应该从以下三个方面对大学生进行阅读引导。

（一）在理论上指引方向

作为校园信息服务的主体，图书馆要充分认识到数字阅读的优势与劣势。经常开办讲座或者形成一门课程，讲述数字阅读的利与弊，分析如何正确进行数字阅读来助力成长、完成学业等，让学生们既要充分利用好数字阅读的优势与便利，避免数字阅读的弊端，同时也要勤于开动脑筋思考问题，不能因为有了数字阅读而丢失了传统阅读的优势与效果。

（二）在内容上把关质量

面对网络信息内容繁杂、良莠不齐、信息分散、缺乏控制的情况，高校图书馆需要对网络信息进行筛选和梳理，需要对读者进行网络阅读的指导，保证读者最大限度地利用有效信息，即对网络信息正确地选择、开发和利用。

首先，将有价值、有特色的馆藏纸质资源逐步转化为数字资源。其次，搭建网络信息导航。选择适合学生阅读的电子图书、电子期刊和数据库等，形成便于学生检索的数据库导航和类似发现系统的一站式搜索引擎等。第三，引导学生树立正确的网络阅读观念。让学生在阅读中主动远离"网络毒品"和"网络污染"，以避免众多不良的网络信息对大学生的身心产生负面影响，从而提高学生的阅读分辨能力。[①]

（三）提倡深度阅读

在目前大学生们每天花费大部分阅读时间在数字的"浅阅读"的情况之下，

[①] 周兵. 数字环境下提升高校图书馆阅读服务的策略 [J]. 大众文艺，2013（22）：211-212.

高校图书馆有责任提倡和引导大学生们以传统纸本阅读进行补充,在宝贵的大学时光里,保留一定的时间用来细细咀嚼人文经典和专业知识等,为今后的职业生涯打下坚实的基础。

三、影响大学生数字阅读的因素

(一)教师引导与内容口碑

在影响大学生数字阅读的外界因素中,高校教师的指引和推荐起到了很大的作用。大学生已经是成年人,有自己的思想见解,在数字阅读方面并不明显追赶潮流,而是选择较为优质的内容,这就要求数字阅读的内容提供者,更加周密地考虑到内容的实用性、新颖性和真实性。[①]

(二)阅读终端的用户体验

在影响大学生数字阅读的阅读器因素中,阅读器的性能、外观等会影响读者的阅读体验,进而对阅读选择产生影响。

(三)个人兴趣

在影响大学生数字阅读的因素中,个人爱好是很重要的影响因素。数字阅读的主体是人,所以它首先受到读者个人因素的影响。

在使用数字阅读方式时,大学生的阅读目的也是重要的影响因素。有些学生使用数字资源是为了便捷实时地获取新闻时事,有些学生使用数字资源是为了紧跟学术的前沿,了解本学科的发展状况、最新动态等。

此外,经济因素也是影响大学生数字阅读的重要因素。

(四)内容质量

阅读内容是数字阅读的载体,内容的好坏会对读者的阅读选择产生影响。

[①] 闫秋玉. 大学生数字阅读影响因素研究 [D]. 河北:河北大学. 2014.

有研究显示，本科和硕士的阅读倾向各不相同。硕士的学术能力强，更倾向于阅读学术性论文，而本科的基础知识弱，知识不牢固不全面，更倾向于休闲娱乐化阅读，阅读学术文献时需要一定的指导。

四、高校图书馆数字阅读推广策略

（一）为大学生用户画像，精准了解其需求

大学生的年龄在18~24岁之间，他们的年龄层次是图书馆在实际研究过程中必须要考虑的一点。他们在法律意义上已是成年人，对数字内容的要求更高，阅读的内容更成熟。大学生的知识水平相对较高，因此也更愿意选择具有知识性和专业性的阅读内容。除此以外，不同高校的大学生会有不同的数字阅读行为特点和需求。因此，精准了解其需求，为本校大学生用户进行准确的画像，是高校图书馆进行数字阅读推广工作的第一步。

（二）加强图书馆员的培训并举办阅读推广活动

高校图书馆需要定期组织讲座，让教师和图书馆员学习关于数字阅读方面的知识，扩展教师的视野，让教师们真正从数字阅读中受益，明白和了解数字阅读的好处，这样可以有效地对大学生进行数字阅读指导。对高校图书馆提供的数字资源和图书馆员所提供的服务，定期做调查问卷或随机访谈，从学生那里获得反馈信息，并通过科学手段来评估需要改进之处，促进数字图书馆良好发展。

（三）优化数字阅读内容质量

由于细分市场的精耕深度不足，数字阅读内容和服务的同质化现象严重，以至于大学生在选择数字阅读的提供商时忠诚度不高。针对不同性别、年龄、专业提供具有针对性的内容，才是吸引他们进行数字阅读的关键。

从对大学生的调研来看，他们所需要的数字阅读资源专业性很强，对学术

资料尤其是稀缺资料的需求多。因此，数字阅读的内容优化很关键，是推广数字阅读过程中最重要的一个环节，内容优化应该从以下六个方面来入手。

- 内容上按照学科或者类别进行系统化分类，帮助学生们检索。
- 注重内容上的知识性、趣味性，满足大学生求知和猎奇的阅读心理。
- 内容开发上要注重精品意识，坚决杜绝抄袭。
- 要对大学生人生目标进行引导，使其个人视野得以开拓，心灵得以充实。
- 利用多媒体优势、多样化阅读形式，来提升大学生的阅读兴趣。
- 利用体验式阅读、口碑效应来推广数字阅读。

（四）提升阅读应用的用户体验

根据调查问卷进行的研究结果表明，电子书阅读器是影响大学生数字阅读过程中的最大障碍。因此，必须要对电子书阅读器各项功能进行全面升级，来提高电子书阅读器的自身体验，进而增加大学生的阅读体验。此外，从价格、用户体验、内容质量等角度全方位地对阅读器进行优化和提升，再加上一系列推广和运营，电子书阅读器才能真正走进大学生们的生活中并赢得良好的口碑。对于使用手机等移动设备进行数字阅读的大学生来说，阅读应用的体验和功能就成为关键问题。

第三节　各出奇招：高校图书馆基于数字阅读的酷炫服务

数字阅读不仅给传统的阅读方式带来了巨大冲击，也给图书馆带来了全新的挑战。大学生是一个乐于接受和体验高新技术产品的群体，面对这样的用户群，高校图书馆都已经开始针对数字阅读来创新自己的服务方式，引进新技术与新方法。面对数字化阅读趋势的来临，对于如何开展基于数字阅读的个性化服务来满足学生们变化中的阅读需求这个问题，高校图书馆不得不进行认真深入的思考和实践。具体的服务内容包括以下六个方面。

一、数字阅读网站建设：打造数字书香大学校园

为适应网络化和数字化的要求，高校图书馆变革的首要任务就是建设相匹配的数字图书馆。数字图书馆是一个系统工程，主要包括文献信息数字化、信息传输数字化与网络化、信息服务终端化、信息利用社会化等。

目前，国内几乎所有的高等院校图书馆都已经建设完成自己的数字图书馆。这种 24 小时不间断服务的数字图书馆会向广大读者介绍该图书馆资源动态、服务指南、新闻公告等信息。高校数字图书馆已经进入成熟阶段，这里不做详细介绍。从 2014 年开始，国内高校图书馆纷纷开始建设个性化的数字阅读网站或网络阅读平台，这里以清华大学的"书香清华"为例来详细介绍。

图 6-3 清华大学图书馆网络阅读平台"书香清华"首页截图

"书香清华"旨在从优质资源推荐、个性化定制和基于阅读的社交三个面，为在校师生提供一个资源丰富、体验优质、以书会友的高品质数字阅读平台和终身的网上图书馆。此外，读者还可以根据自己的喜好打造个性化的个人书房。作为个性化的数字阅读平台，"书香清华"有如下几点优势。

（一）丰富的资源

该数字阅读平台拥有丰富的正版电子书资源和针对大学生量身打造的精品阅读专题，成为图书馆实体和纸质阅读资源的良好补充。

（二）终身阅读与学习

将读者的阅读行为从高校图书馆延伸到世界各个角落。读者可以利用自己的账号密码在全世界任何地点任何时间利用任何移动设备观看自己喜欢的任何书籍。

（三）私人定制的个性化书屋

阅读，本就应该是一种愉悦的体验。在该平台上，读者可以根据自己的喜好珍藏书籍、布置书屋，打造属于自己的虚拟阅读空间。

（四）基于阅读的 SNS

为阅读带入 Web2.0 的社交因素，校友可以以书会友，打造自己的书友圈，让阅读与社交互相激励，促进阅读平台的繁荣。

（五）有声读物

听书功能有助于师生利用零碎时间拓展阅读。

伴随着数字阅读趋势的发展和高校图书馆服务工作的进一步深化，相信会有越来越多的个性化数字阅读平台出现在广大读者面前，来满足大学生们个性化的数字阅读需求。

二、移动图书馆建设：将图书馆装进口袋

中国是手机用户的大国。工信部 2015 年 1 月发布通信运营业统计公报显示，截至 2014 年，全国手机用户达到 12.86 亿。随着 3G/4G 技术的普及，移动终端设备的不断更新换代，人们的阅读方式也在发生转变，移动阅读逐渐

成为人们获取信息的一种重要方式。在地铁站、候车室、休闲餐厅随处可见一些年轻人用手机阅读。目前的移动阅读服务，商业模式占主导，众多的设备制造商、内容提供商及电信运营商纷纷借力移动网络，抢占移动阅读市场，争夺用户。高校图书馆作为专业的阅读服务机构，能否搭乘移动互联网快速发展的契机，拓宽服务渠道，充分满足大学生移动阅读的需求，成为当下的重要课题。[1]

目前，高校图书馆的移动服务主要使用客户端的形式。例如，从2013年开始，清华大学、北京大学、浙江大学、四川大学、电子科技大学等高校纷纷与与北京世纪超星信息技术发展有限责任公司合作，开通超星移动图书馆。读者可利用各种型号的智能手机、平板电脑、PSP等设备，通过读者个人借阅证号注册后，登录进行访问。读者可通过设置个人空间与图书馆OPAC系统的对接。读者不论是在家、在路上还是在车上都可以轻松访问图书馆电子资源，享受馆藏查询、续借、预约、挂失、到期提醒、热门书排行榜、咨询等自助式移动服务。另外读者可以自由选择咨询问答、新闻发布、公告（通知）、新书推荐、借书到期提醒、热门书推荐、预约取书通知等信息交流功能。[2]

从移动图书馆的使用情况来看，广大读者普遍欢迎移动图书馆的推广应用，这也是信息科技进步的结果，特别是在4G时代到来后，移动图书馆更加受到读者的青睐。

三、创建在线学习系统：教参e动力，自学快乐多

在线学习系统是一种基于网络和多媒体工具而建立的新型的虚拟学习环境，包括学科教学、互动交流、用户管理及其支持工具等。通过在线学习系统，学生可以依据自身条件，方便地选择时间和地点，进行注册课程、获得课程资料、

---

[1] 魏群义，侯桂楠，霍然，黄娟.国内移动图书馆应用与发展现状研究[J]. 图书馆，2013（1）：114–117.

[2] 张登军.超星移动图书馆使用[J]. 中国科技信息，2013（1）：114-117.

完成考试、与教师和同学互动交流等。目前很多高校图书馆都创建了在线学习系统，这里以上海交通大学图书馆的教学支持系统和电子科技大学图书馆的自主学习系统为例。

图 6-4　上海交通大学图书馆学习中心页面截图

上海交通大学图书馆的在线学习系统主要为在校学生们提供教学支持，包括教参服务、专题培训、学习中心和课程教学等。学生们可以在线或使用移动终端浏览教学参考资源，下载课程或讲座的课件等，是对学生的课堂学习的良好补充，使学生们方便地使用多种终端随时随地进行阅读和学习。

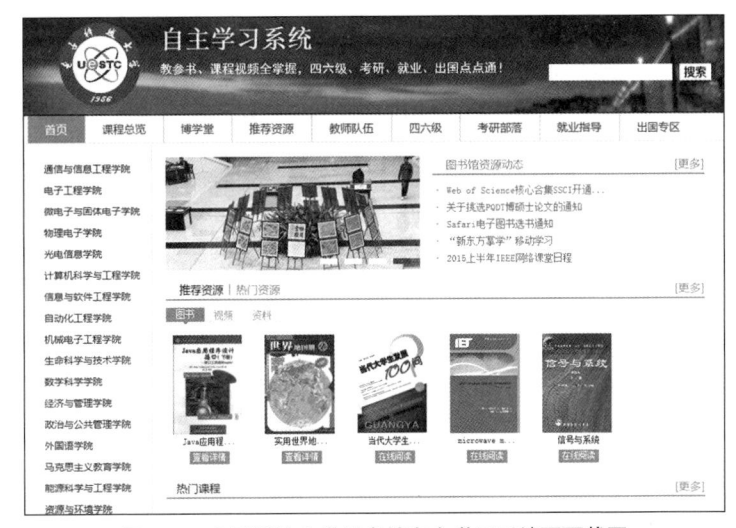

图 6-5　电子科技大学图书馆自主学习系统页面截图

电子科技大学新近改版升级的自主学习系统，主要包括组织和呈现学校的课程资源，教参资源，出国、考研等为在校大学生量身打造的个性化资源。此外，还专门开发了个人空间及支持学生们进行学习交流的学习社区，功能全面且页面美观。自主学习系统整合多样化的教参资源，为学生们提供了互动、便捷的虚拟学习环境和个性化的定制服务。

四、高校图书馆 MOOC 服务探索：与全世界一起上课

MOOC（Massive Open Online Courses），意为"大规模在线开放课程"。2012年，美国的顶尖大学陆续设立网络学习平台，在网上提供免费课程，人们为此将2012年称为大型开放式网络课程之年，即 MOOC 元年。名校视频公开课只提供课程资源，而 MOOC 则实现了教学课程的全程参与。在这个平台上，学习者可以完成上课、分享观点、做作业、参加考试、得到分数、拿到证书的全过程。此平台上，课程免费、便捷、容易注册，学生不分年龄、国籍、学历背景，互动性强，用户参与度很高，是学习交流的好阵地，更是促进教学改革的好阵地。[1]

目前，国内外都高度重视 MOOC 的发展及其给传统教育带来的机遇与挑战，大张旗鼓地参与 MOOC 或自行开发在线教育平台。但在高校参与在线提供课程的过程中，很少有人关注高校图书馆及图书馆员在其中可发挥的潜在作用。高校图书馆的角色已经引起国外学者的注意，因为高校图书馆为师生提供信息和教育支持，与 MOOC 存在本质上的联系。[2]

目前国外主要有三大 MOOC 平台，分别是 Coursera、Udacity 和 edX。Coursera 是由斯坦福大学的两位教授创立的营利性网站，截至2014年3月，全球共有120所高校加入 Coursera 联盟，500多门课程参与，注册学生超过628

---

[1] 张艳婷，付志义，刘青华，付希金.高校图书馆的 MOOC 服务探索研究[J].图书馆学研究，2014（9）：77–80.
[2] 张舵，吴跃伟.国外高校图书馆在 MOOC 中的作用及其启示[J].图书馆建设，2014（7）：85–89.

万。台湾大学、香港科技大学等亚洲大学也纷纷携优质课程入驻 Coursera 平台。Udacity 同样是由斯坦福大学教授创建的营利性网站，不过没有跟其他大学联盟。而 edX 是由麻省理工学院和哈佛大学在 2012 年 5 月联合创立的非营利性网站，加盟学校包括伯克利大学、得克萨斯大学等。除了为全世界的学生提供免费课程之外，这家网站的另外一个属性则更像是一个大学的实验基地，通过研究线上、线下混合教学的模式，提高线下传统校园的教学和学习。[①]

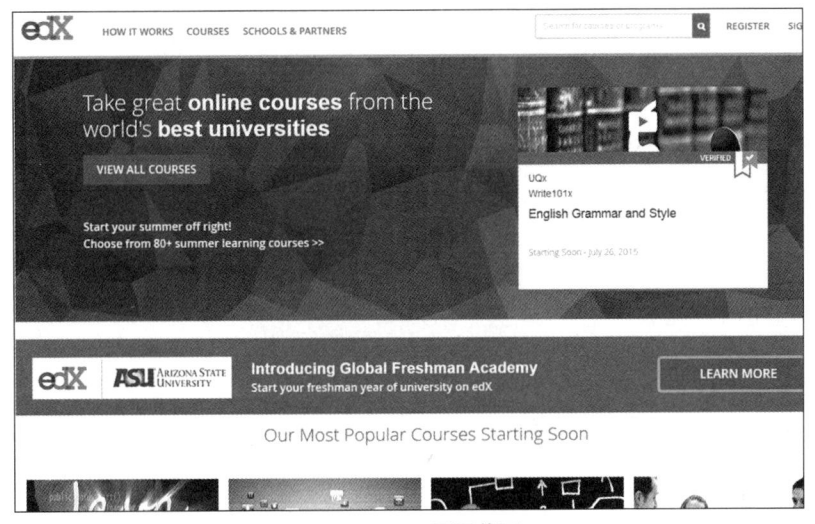

图 6-6 edX 网页截图

我国在 MOOC 方面也在不断努力，不仅积极加入了全球 MOOC 平台，向全世界的学习者提供优质的课程，还积极借鉴国外经验，在已有基础上开发适合国内环境的 MOOC 平台，如清华大学的"学堂在线"。此外，还应重视高校图书馆的地位，不断挖掘潜力，这样不仅能加快我国 MOOC 的发展进程，还可以在高校图书馆的协助下提升 MOOC 的质量及效率。

---

① 2015 年《地平线报告》高等教育版抢先看 [EB/OL].[2015-3-20]. http://www.91mlearning.cn/zx/detail_20150320103143760 6679d6d34e416689106.html.

图 6-7 中国大学 MOOC 首页

2014年5月8日，中国大学 MOOC 平台正式开通。该平台由"爱课程网"（国家精品开放课程共享系统）和网易公司联合建设，是国家教育部精品开放课程项目的组成部分。以提供中国高校最好的课程为目标，在广泛听取一线教师和社会人士反馈意见的基础上，充分借鉴国外主流 MOOC 平台的优点，经过近一年的自主研发完成。主要功能为：

- 精简视频教学

中国大学 MOOC 课程提供短视频教学，针对在线学习方式优化，努力呈现最精华的内容。

- 在线答疑交流

每个课程均开设在线论坛，方便教师、助教、学生交流，并不定期开展活动，寓教于乐。

- 权威证书发放

部分课程提供认证证书，完成练习和测试，达到一定分数，可以获得老师签名证书。目前已经入驻北京大学、浙江大学、中国科学技术大学、复旦大学、西安交通大学、武汉大学等数十所著名高校。

- "翻转课堂"

指2014年在国内外都备受热捧的教学方法，指学生先网上看授课视频，与同学老师在线讨论，然后才是在课堂上师生互动、答疑解惑，完成学习过程。

据说由此不及格率大大下降，因为让学习进度慢的人有充分的时间初学。而"翻转课堂"的顺利实施也是建立在具有成熟的 MOOC 平台基础之上的，成熟的 MOOC 平台也可以使任课教师制作的教学视频价值最大化。

此外，国内商业网站还创办公开课，通过互联网向大众传播知识和教育资源，例如网易公开课、新浪公开课、腾讯课堂等。

五、基于大数据的高校图书馆个性化服务：巧用大数据

高校图书馆的核心价值是为学生、为教师服务。教师的科研成果、学生的论文成果，在某种程度上代表着高校教学、科研的水平。图书馆只有了解师生的需求，掌握其阅读习惯，才能量体裁衣地提供优质服务，进而提升整个学校的科研水平。高校图书馆要充分利用大数据技术和大数据思维，发现潜在的价值信息，为师生提供高效、智慧化的服务，这是未来高校图书馆发展必须做到的。因为大数据应用在高校图书馆具备可行性。教师、学生在使用图书馆时必然会留下使用痕迹、用户行为日志等有价值的数据。其次，高校作为科研重地，对新技术、新思想的敏感性很强，使用大数据技术并不是什么难题。但高校图书馆在利用和使用大数据的同时，也必须做好对隐私的保护，在正当、合法的范围内使用用户数据来创造价值。高校图书馆可以主要从以下几个方面对大数据进行挖掘和利用。

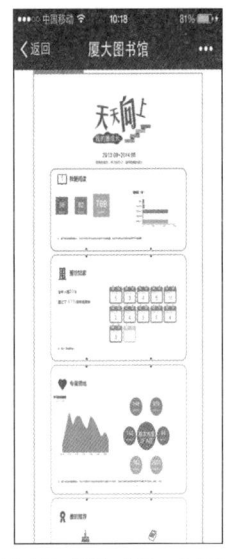

图 6-8 厦大图书馆"图.成长"微刊截图

（一）基于大数据的数据揭示服务

2014 年底，在网友们纷纷晒出支付宝账单的时候，厦门大学图书馆、上

海交通大学图书馆、西南交通大学图书馆、电子科技大学图书馆等高校图书馆已经开始在微信订阅平台上"傲娇"地晒出年度借阅排行榜：借书量最多的"书虫"、入馆天数最多的"馆主"、自习时间最长的"学霸"等。这些生动活泼的年终数据盘点一经展出，大学生们纷纷点赞。媒体也纷纷采访报道各个高校的"书虫""学霸"等同学的读书事迹。以此类数据揭示服务促进阅读推广，收到了很好的效果。

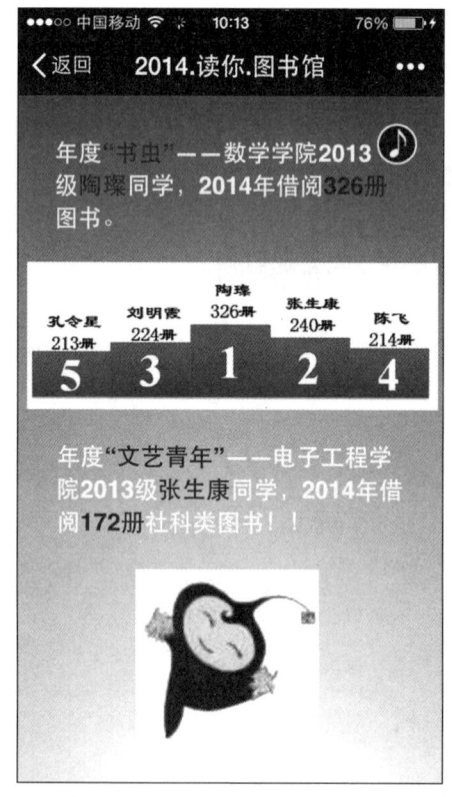

图6-9 电子科大图书馆"2014，读你"微刊截图

（二）基于数据挖掘的图书采购

大数据环境使有效分析读者需求成为可能，在图书馆的OPAC系统中有大量的搜索记录和借阅记录。另外，结合读者的荐购数据及图书馆微波、微信等平台所收集的用户数据都可以用来进行分析，定位读者需求，给图书馆的采购

人员提供科学和有力的采购依据。

（三）基于数据分析的嵌入式学科馆员服务

随着服务理念的深化及用户需求的变化，嵌入式学科馆员应运而生。与传统的学科馆员不同，嵌入式学科馆员将服务深入到用户中，参与到用户的学习过程中，为用户随时随地提供个性化、学科化、知识化、泛在化的服务。以用户需求为中心，深层次挖掘用户需求。这就要求学科馆员以院系学科为导向，将院系用户在图书馆检索和浏览电子资源、文献资源留下的行为数据进行数据分类，挖掘用户浏览下载的文献出处、关键词、摘要等，归纳出用户感兴趣的主题，从而提供有针对性的增值服务。大数据环境对高校图书馆的嵌入式学科馆员服务提出了新的要求，也是未来高校图书馆服务值得探讨的方向。

（四）大数据支持的虚拟参考咨询服务

高校图书馆开展了多年的咨询服务，在读者咨询的问题中有很多是相似的问题，相关馆员经过整理分析后形成了精选的 FAQ，同时也积累了大量宝贵的咨询记录。这些数据日积月累，形成了图书馆的大数据，挖掘和分析这些数据能够帮助图书馆提供优质、完善的咨询服务。将人工智能运用到图书馆参考咨询中，是一种新的尝试。清华大学设计的"小图"、重庆文理学院的 AIML 买 Bot 智能机器人都是很好的代表。基于人工智能的实施虚拟参考咨询的成功尝试离不开图书馆咨询服务积累下来的数据支持，它们的核心语料库都以咨询服务累积的数据为基础，实现了全天候、快速响应、个性化、准确性的咨询服务，使传统的参考咨询服务有了质的飞跃。

六、引进酷炫数字设备：打造数字阅读体验空间

配合数字化阅读平台建设，高校图书馆不断引进高新数字设备，开展数字资源

的推荐和下载等服务。以电子科技大学图书馆为例，2013年该馆引进了信息发布系统，在全馆遍布26个视频点，以数字方式在各个视频点进行馆内资源推介等服务。

本系统是专门针对图书馆行业的专用系统，突破了通用信息发布系统由服务器、网络、播放器、显示设备组成的单一模式，在以下四个方面具有特色。

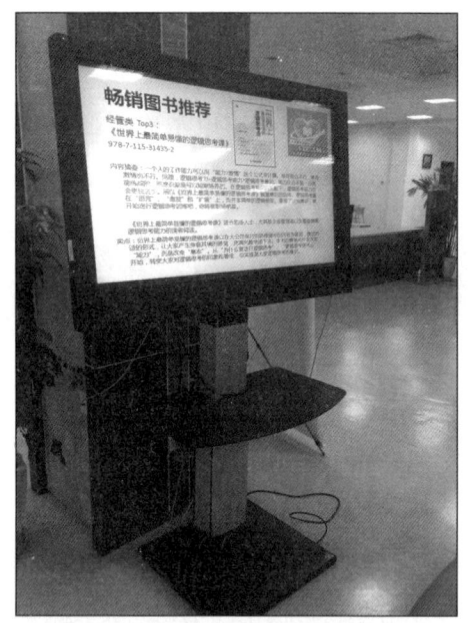

图6-10 信息发布系统的视频终端图

（一）实现与图书馆管理系统的整合

LIDS系统轻松实现图书馆管理系统的数据整合，通过数据挖掘、日志统计等手段向读者展示图书馆的最新运行状态。

（二）满足读者需求的图书馆专用内容建设

LIDS系统不仅可以展示图书馆的运行数据，还可以根据读者的需求进行专用内容建设，满足读者多角度获取知识的需求。

（三）有效整合多种类型的图书馆显示设备

独立服务器的信息通过图书馆专用网络发送给各种显示设备，包括 LED 大屏幕、液晶显示屏、平板触摸显示器、检索查询终端、读报机等设备，使得信息发布达到安全、准确、快捷。

（四）分布式信息发布与管理

LIDS 运用分布式技术、分组显示等技术实现了图书馆众多显示设备的信息发布与管理，通过设备分组，轻松实现信息的分布式发布。

此外，各高校图书馆还纷纷引进电子书架。读者只需动动手指，在硬件终端前面选择自己喜欢的电子书，用自己的智能手机扫描该书的二维码，就可以在图书馆全 Wi-Fi 覆盖的环境下，将电子书免费下载到自己的手机上，随时随地地阅读。

图 6-11 电子书架

另外，很多高校图书馆打造了数字阅读体验空间来推广数字阅读服务，例如浙江大学图书馆信息共享空间中打造了系统体验空间、多媒体空间等，香港科技大学图书馆学习共享空间中打造了创意媒体空间等，电子科技大学图书馆创新实验室中引进多台苹果电脑及高配一体机便于学生们的数字化阅读及科研。探索如何将创新意识培养、数字阅读推广、体验式教学融入大学图书馆空间服务。

图 6-12　香港科技大学图书馆学习共享空间网页截图

2015 年的《地平线报告》中提到，高等教育的未来技术应用包括自带设备和"翻转课堂"，预计将在一年内被越来越多的高校采用，以开展移动和在线学习。创客空间和可穿戴技术的采用时间预计在两到三年之内，而自适应学习技术和物联网有望在四到五年内进入高校的主流应用。高校图书馆作为教育信息的主要部门责无旁贷，应该适应这种变化，做好基于数字阅读的各种服务。

第四节　授之以渔：大学生数字阅读素养的培养

新媒体时代的数字阅读利用新技术融合文字以外的声音、影像、触感，让大学生回归综合运用各种感官的全观认知经验，对大学生合理知识结构的塑造和人文素养的培养具有重要意义。因此，对大学生进行数字阅读素养教育，并在此基础上帮助他们有效利用数字阅读信息具有举足轻重的意义。[①]

一、数字阅读素养是什么

国际阅读素养进步研究项目组织曾把阅读素养界定为：理解和运用社会需要的或个人认为有价值的书面语言形式的能力，年轻的阅读者能够从各种文章中建构意义，他们通过阅读来进行学习、参与学校中和日常生活中的阅读群体并进行娱乐。[②]

从定义中不难看出，阅读素养是一种基于终身学习观构建的广义定义，强调阅读双方的交互及其含义的建构性，重视阅读者运用各种阅读技能和策略来促进、控制、理解阅读的动态发展过程。数字阅读素养是新媒体时代的公民的必备素养，可以将其概括为一种在数字阅读中能通过合法方式快速高效地获取、辨别、分析、利用、开发信息等方面的素养，这一素养可以通过教育养成和提高。在高校图书馆开办的讲座中，我们经常可以听到"信息素养"这个概念，主要是指大学生在学习过程中获取、评价和利用数据库等学习资料的能力。而本文中的数字阅读素养主要是指大学生在进行日常的数字阅读时获取、辨别、分析和利用数字资源的能力。虽然这两个概念有所重合，但各有偏重。

良好的数字化阅读素养主要体现在：遵守数字信息的相关法规，合法运用各种新媒体，掌握数字阅读的基本操作技能，知晓计算机和网络之外的其他信息技术知识，能够主动地传播文明上网的理念等。

---

① 王建，张立荣.新媒介时代大学生数字化阅读素养的内涵与培养[J].现代远距离教育.2011（6）：73-77.
② 张颖.国际阅读素养进展研究（PIRLS）项目评介[J].中学语文教学，2006（12）：3-9.

因此，数字阅读素养既包括认知态度的层面，也涵盖技术层面、操作层面和能力层面。概括地讲，数字阅读素养主要包括数字阅读意识、数字阅读能力和数字阅读道德三个方面。[①]

（一）数字阅读意识

数字阅读意识是指读者已具备的数字阅读知识和在数字阅读活动中所呈现的心理状态。健全的数字阅读心态表现在数字化阅读过程中注意力集中、稳定，态度积极，具有开放性、选择性和有序性的特点。不健全的数字阅读心态则表现为对知识信息吸收的封闭性、非系统性，对数字化阅读信息良莠不分、食而不化、追新立异、趋众赶潮等。高校图书馆有必要对当前大学生数字化阅读现象给予足够重视，及时发现大学生在数字化阅读中出现的新问题，引导大学生树立正确的数字化阅读意识。

（二）数字阅读能力

数字阅读能力是为取得更好的数字阅读效果而拥有的知识和能力储备，是指读者运用已具备的数字阅读知识，操作数字阅读行为和阅读活动的能力。综合已有研究成果，一般将认读能力、理解能力、想象力、鉴赏力等作为数字阅读能力的重要构成部分。此外，记忆力、数字阅读速度等个体素质也是影响数字阅读能力的重要因素。数字阅读能力的培养即是对读者的阅读行为和阅读活动进行有目的、有计划的训练，使读者具备良好的阅读选择能力、阅读思维能力、阅读评价能力及高效阅读效率。

（三）数字阅读道德

数字阅读道德指读者在数字阅读活动中表现出来的阅读道德品质，它是对数字信息生产者、加工者、传播者及信息使用者行为之间相互关系进行规范的伦理准则，是新媒体时代每位读者都应该遵守的道德标准。其主要内容包括遵

[①] 檀传宝主编. 网络环境与青少年德育[M]. 福建：福建教育出版社，2005：189.

循数字信息法律法规，自觉抵制违法行为，尊重知识产权，正确处理信息开发、传播、使用三者的关系等。

二、大学生数字阅读素养的培养途径

（一）营造健康有序的大学生数字阅读环境

激发大学生对数字阅读产生浓厚的兴趣是培养大学生数字化阅读素养的首要条件。这就要求高校图书馆努力营造一种文化底蕴浓厚、物理空间优雅、能满足随时下载和离线阅读需求的数字阅读空间，还要打造用户体验良好、功能全面、图文并茂、内容优质的数字阅读网站或应用，以提升大学生数字化阅读效果。

（二）普及大学生数字阅读常识

有研究者把今天大学生面对的这个鱼龙混杂、良莠不齐的新媒体时代比作"潘多拉的盒子"，实不为过。因此，无论是从道德教育的角度，还是从社会责任的视域，高校图书馆都有责任在大学生触及这个"魔盒"之前，详尽告知他们盒子里装的是什么，指导他们如何正确使用这个"盒子"，使大学生减少对信息的滥用和误用，降低不良信息的影响程度，进而保证大学生取得良好的数字化阅读效果。

1. 积极开展大学生数字阅读指导

积极在大学生群体间开展数字阅读指导是指在大学生数字阅读过程中，及时发现大学生数字阅读中存在的问题，有针对性地去引导大学生健康阅读并及时反馈信息，培养大学生数字阅读的甄别能力和创造能力，使其在数字阅读观念、阅读习惯、阅读能力及阅读质量等方面全面协调发展，以提升大学生数字阅读素养。因此，积极开展大学生数字化阅读指导，努力提升新媒介时代大学生的数字阅读素养，为大学生更好地适应急剧变革的新媒体数字环境奠定良好的基础,以应对未来世界可能发生的变革和挑战。

2. 组织丰富的大学生数字阅读活动

高校信息管理部门还可通过组织丰富的大学生数字阅读实践活动深化大学生对数字阅读素养内涵的理解和掌握。经历了各个阶段的应试教育的学生,他们的思维往往被锁定在黑板和课堂的框框里,而跨进大学校门以后,以新媒体为载体的丰富的阅读内容、极富感染力的呈现形式,对大学生文化学习和创新思维方式培养来说,恰似一眼取之不竭的源泉。"授人以鱼,不如授人以渔。"组织丰富的数字阅读活动历练大学生的数字阅读能力,有利于大学生在海量的数字信息中,掌握信息搜索、分析、整理、设计、应用和创造的能力,也是大学生数字阅读素养培养的直接目的。

3. 强化大学生数字阅读元认知

有效的数字阅读需要大学生在阅读过程中积极地控制自己的认知活动,能够深刻检测自己的理解能力。大学生数字阅读元认知是指在数字阅读活动中大学生能够对自己的认知方式和认知过程进行及时的监控和调整,不仅能够有效利用已有的知识去吸收和同化数字信息,而且能时刻反思自己的认知过程和认知方式,以此来掌握和控制自己的信息获取过程,并不断地调整阅读策略,主动去建构知识,进而提升自身数字阅读效果。[①]注重大学生数字阅读元认知能力的强化,培养大学生数字阅读过程中的自觉性和自控性,促使大学生在数字阅读活动中探索个性化的阅读方式,培养自身良好的阅读习惯,强化数字阅读技巧,提升数字阅读素养。

思考题

1. 如何利用 MOOC 来促进高校图书馆的数字阅读推广工作?
2. 高校图书馆如何做好大学生数字阅读的指导工作?

---

① 王龙. 阅读研究引论 [M]. 香港:天马图书有限公司,2003:108.

第七讲
"e时代"的网络阅读资源

温慧仪[*]

互联网的兴盛让国民阅读方式发生着革命性的转变，阅读载体的多样性让我们不再受限于书的体积、质量，我们可以随时随地进行阅读。在互联网时代，社会化交流形态多样，如豆瓣阅读的书评区，成为不少人读书前后交流心得的重要平台，还有各种好书推荐、读书微信公众账号等。本讲将"e时代"下的多类优秀网络在线阅读资源进行汇集整理，对网络百科全书、专业文学网站、科普网站等分别进行分类介绍，其选取的案例综合考虑了这些网站的Alexa排名、历史影响、发展势头、作品题材等多方面的因素，期待通过这样的努力，方便读者在进入数字阅读的广阔天地时能够迅速找到适合自己的阅读内容。

第一节 今天你上"百科"了吗

曾经，拥有一本厚厚的百科全书让人获得"一册在手，无所不知"的满足感，仿佛已将天下的知识秘密尽收囊中。传统的纸质百科全书曾经是标准的知识来源和人类知识王冠上最耀眼的明珠。但随着世界的变化和发展，随之而来

---

[*] 温慧仪，东莞图书馆馆员，助理馆员。

的知识不断更新，厚重不便的纸质百科全书已满足不了大众追求新知识的需求。在人们及时掌握知识的需求和纸质百科全书的低效率之间的矛盾越来越突出时，网络百科全书诞生了。据不完全统计，目前在互联网上可以查阅的在线百科及具有百科性质的工具书已有近百种之多，像我们熟知的不列颠百科全书、美国百科全书、哥伦比亚百科全书、世界图书百科全书等均已有了自己的网络版。下面我们来认识网络百科全书。

一、网络百科全书介绍

（一）大不列颠在线百科全书（www.britannica.com）

大英百科全书公司1994年推出了不列颠百科全书网络版（Encyclopedia Britannica Online），是因特网上的第一部百科全书。

不列颠百科网络版力图保持其纸质版的权威性、专业性及适度的时效性。其内容脱胎于32册不列颠百科全书，囊括了对各个重要学科知识的详尽介绍。网络版已被世界各地的高等院校、中小学、图书馆及政府机构等普遍使用。时效性方面，除印刷版的全部内容外，网络版还收录了最新的修订和大量印刷版中没有的文字，可检索词条达到10万多条，并收录了2.4万多幅图例、2600多幅地图、1400多段多媒体动画音像等丰富内容。[①]

结合近年来手持移动终端有取代固定终端大部分功能的趋势，不列颠百科再次加入创新的浪潮，陆续推出多媒体终端版以增加客户使用的便捷性和黏性。目前已设计出与智能白板、平板电脑、智能手机、电子阅读器等兼容的数字化资源，广泛应用于学校和研究机构。

---

① 马蕴. 传统百科全书的在线化之路——基于三大在线百科之比较[J]. 新闻传播，2013（11）.

图 7-1　大不列颠在线百科全书首页

（二）维基百科（http://www.wikipedia.org）

维基百科是吉米·威尔士与拉里·桑格于 2001 年 1 月 13 日在互联网上发起的站点服务，并于 1 月 15 日正式展开的网络百科全书计划。同时，它也是一部用不同语言写成的网络百科全书，其目标及宗旨是为全人类提供自由的百科全书——用他们所选择的语言来书写而成的，是一个动态的、可自由访问和编辑的全球知识体。

截至 2014 年 7 月 2 日，维基百科条目第一的英文维基百科已有 454 万个条目，全球所有 282 种语言的独立运作版本，共突破 2100 万条目，总登记用户也超过 3200 万人，总编辑次数超越 12 亿次。[①]除了传统百科全书所收录的内容，维基百科也收录了非学术内容及具有一定媒体关注度的动态事件。

维基百科最大的优势在于开放性和分享性，这与人类知识本身的无国界、无疆界理念契合，吸引了广泛的参与。主要的缺陷在于缺乏权威性、客观性。权威性指在缺失传统审查和专家撰稿的背景下，难以保证大众自行编纂条目内容上的准确度、专业性，缺乏客观性是指对有争议的人或者事物，其评价难以做到不偏不倚。

---

① 维基百科 [EB/OL].[2015-04-22].http://baike.baidu.com/link?url=Dz-hSD95pjFwwHjdRj07XR70DSuHV7gerYixF3DlyisQypgPAHafGM7HXsRnbeNFTXgE8UGf293WzjP8mBra9q#reference-[3]-1245-wrap.

图 7-2　维基百科首页

（三）百度百科（http://baike.baidu.com）

百度百科是百度公司 2006 年 4 月 20 日发布的开放式网络百科全书，是一部由全体网民共同撰写的百科全书，是全球最大的中文百科全书。每个人都可以自由访问并参与撰写和编辑，分享及奉献自己所了解的知识，从而共同编写成一部完整的百科全书，并使其不断更新完善。

百度百科于 2008 年 4 月 21 日推出正式版，当时已收录约 110 万个条目，截至 2014 年 11 月，收录词条数量达 1000 万个[①]。其词条有相当大的比例并非原创，其用户存在抄袭其他百科全书词条的现象，涵盖 530 余万条词条，绝大部分条目内容和图片来自其他网站或出版物。

图 7-3　百度百科首页

---

① 百度百科 [EB/OL].[2015-04-22].http://baike.baidu.com/view/1.htm.

百度百科最大的优势是与百度贴吧、百度知道建立了三位一体的服务，共同构筑了一个完整的知识搜索体系，成为网页搜索的有益补充，更好地提升了读者的搜索体验。[①]

二、三大网络百科全书异同

上述三大网络百科全书风格迥异、各有千秋。从广度、深度和逻辑性上讲，百度百科与前两大在线百科无法相比。但百度百科凭借搜索引擎的优势，抢占了中文在线百科的先机，赢得了局域市场的影响力。与不列颠百科全书、维基百科不同，百度百科的词条有相当大的比例并非原创，其用户存在抄袭其他百科全书词条的现象，并遭遇来自互动百科、中文维基百科和其他竞争对手的诸多诉讼案件。

表 7-1　几大网络百科全书异同

类别	不列颠百科全书	维基百科	百度百科
定位	全球在线百科全书的领导品牌	人人可编辑的自由百科全书、用不同语言写成的百科全书	全球最大的中文百科全书
创始年份	1994 年	2001 年	2006 年
商业网站	是	否	是
审核制度	有	无	有
管理方式	内部员工	志愿者	志愿者+内部员工
版权保护	内容受国际版权、专利和商标法保护	所有文字内容在 CC-BY-SA-3.0 协议下发布	绝大部分条目内容和图片来自其他网站、出版书籍
词条数量	10 万余条	2100 万条目（截至 2014 年 7 月）	1000 万余条（截至 2014 年 11 月）
语言支持	英语	282 种语言	中文
查阅方式	付费（年费 69.95 美元，可免费使用一周）	免费	免费

---

① 百度百科 [EB/OL].[2015-04-22].http://baike.baidu.com/view/1.htm.

续表

类别	不列颠百科全书	维基百科	百度百科
特色	全球最具权威性、学术性和国际性的巨著	推出"特色内容",在高标准的严格要求下评选出来,也会一直保持随机更新	增加特色百科:历史上的今天、数字博物馆、城市百科、特色词条、法院百科、史记–2014
社会点评	被世界公认为举世无双的知识大全	虽然是一个"自由"的百科全书,但很多词条会被锁定而不能编辑	满足了大部分网民迅速获取知识的需求,向所有人开放了一个免费获取知识的途径,实现互联网时代的"开启民智"
主要缺陷	词条覆盖面不够广,跟进新事物不足	权威性、专业性有待证明;长期无物质激励可能导致志愿者热情和付出下降	版权纠纷、权威性不足、差错率高

三、更多百科全书网站

如果你想拥有更开阔的眼光,请不要局限在以上百科全书网站,来看看别的百科全书。

互动百科(http://www.baike.com/):是全球最大中文百科网站之一,创建于2005年7月18日,致力于为数亿中文用户免费提供海量、全面、及时的百科信息,并通过全新的维基平台不断改善用户对信息的创作、获取和共享方式。

中文维基百科(http://zh.wikipedia.org/):是维基百科协作计划的中文版本,繁简同站,大部分内容由世界各地的华人一起合作完成。2015年5月19日,中文维基百科被关键字屏蔽和DNS污染,而其他语言的维基百科暂未受到影响,可以正常访问。

哥伦比亚百科全书(http://www.bartleby.com/):各门学科都有涉及,内容比较全面,而且操作方便。但读者如果希望深入一个专题调查的话,可能会略感不足。

百科全书（http://www.encyclopedia.com/）：被誉为"没有围墙的大学"，概要记述人类知识门类或某一知识门类的工具书，在规模和内容上均超过其他类型的工具书，供人们查阅必要的知识和事实资料，其完备性在于它几乎涵盖了各种工具书，囊括了各方面的知识。

第二节　文学网站知多少

网络阅读的读物类型包括网络新闻、网络文学、网络杂志、论坛、博客、邮件、RSS 订阅和各种教程等。而网络文学网站最初只是以个人主页的形式或是 BBS 上晒心情、晒文字的形式出现，它和其他的网上资源一样，从 20 世纪 90 年代末，迎来了生命的辉煌时代。许多专业文学网站也是从那个时候起，有了自己的 Web 服务器，成为网络文学的载体。

据《中国网络文学产业年度研究报告》（2013）显示，中国网络文学用户对网络文学网站的品牌认知度排名是：起点中文网排名第一，是 32.8% 的用户首先想到的网络文学网站；17K 小说网排名第二，占 20.5%；小说阅读网排名第三，占 8.3%。[①] 它们最终成了在网络上占据一席之地的具有专业性质的网站。它们拥有自己的服务器，拥有签约的网络写手，还拥有固定的读者群。下面我们选取一些人气旺盛、特色鲜明的文学网站进行介绍。

一、文学网站介绍

（一）起点中文网（www.qidian.com）

创立于 2002 年 5 月，是国内最大的原创网络文学网站，长期致力于原创文学作者的挖掘和培养，取得巨大成果。根据艾瑞咨询公司推出的网民连续用户

---

① 用户网络文学品牌认知：17K 直逼起点 [EB/OL].[2015-05-25].http://it.enorth.com.cn/system/2014/01/17/011617251.shtml.

行为研究系统 iUserTracker 最新数据显示，2015 年 1 月，起点中文网日均覆盖人数达 179 万人，网民到达率达 0.7%，位居第一。[①] 可以说，起点中文网是国内网络文学网站中当之无愧的"大佬"。

起点中文网作为国内最大的原创网络文学网站，其作品内容多元，将作品题材分为玄幻、奇幻、武侠、仙侠、都市、职业、历史、军事、游戏、竞技、科幻、灵异等类别，其中玄幻、武侠、都市、历史、军事、游戏、竞技、灵异、科幻等小说题材均具有极大影响力，适合各类用户群。网站页面设置上，充分重视用户的舒适度与便捷性，网站页面以红色与白色为基调，文字则主要采用绿色与黑色，对比清晰、醒目。

2003 年 10 月，起点中文网首创"在线收费阅读"服务，成为真正意义上的网络文学盈利模式的探索者。此后，起点又率先推出了作家福利、文学交互、内容发掘推广、版权管理等机制和体系。

图 7-4 起点中文网首页

（二）晋江文学城（www.jjwxc.net）

成立于 2003 年，是全球最大女性文学基地，经过多年发展，吸引了众多女性文学写手与读者。根据艾瑞 iUserTracker 最新数据显示，2015 年 1 月，

---

① 艾瑞 iUserTracker：2015 年 1 月垂直文学网站行业数据 [EB/OL].[2015-05-25].http://report.iresearch.cn/html/20150303/247087.shtml.

晋江文学网有效浏览时间达 1345 万小时，占总有效浏览时间达 9.6%，位居第一。[①] 曾多次荣获"十大最具影响力文学网站"等奖项，是业内公认的品牌文学网站。

目前，晋江文学城拥有在线作品 65 万部，包括穿越、言情、影视、都市爱情、职场婚姻、青春校园、武侠仙侠、耽美同人、玄幻、网游、传奇、奇幻、悬疑推理、科幻、历史、散文诗歌等多种类型。拥有注册用户 700 万，注册作者 50 万，签约作者 12000 人，其中有出版著作的达到 3000 人。以每天近 1 万新用户注册、每天 750 部新作品诞生，每天 2 本新书被成功代理出版的速度飞速增长着。[②]

可以说，晋江文学城在国内文学网站中成功建立起了自己的品牌，吸引了大量读者与优秀作者驻站写作，盈利模式也日益成熟。

图 7-5　晋江文学城首页

（三）17K 小说网（http://www.17k.com/）

2006 年 5 月 22 日正式成立，隶属于北京中文在线文化传媒有限公司，是集创作、阅读于一体的国内领先在线阅读网站。据艾瑞咨询公司推出的网民连

[①] 艾瑞 iUserTracker:2015 年 1 月垂直文学网站行业数据 [EB/OL].[2015-05-25].http://report.iresearch.cn/html/20150303/247087.shtml.

[②] 关于晋江 [EB/OL].[2015-05-25].http://www.jjwxc.net/aboutus/.

续用户行为研究系统 iUserTracker 最新数据显示，2015 年 1 月，17K 小说网在国内垂直文学网站日均覆盖人数排名方面位列第四，仅次于起点中文网、晋江文学网和小木虫，日均网民到达率为 0.3%，用户有效浏览时间位列第六，月度有效浏览时间达到了 429 万小时。①曾获得"十大最具影响力文学网站"等奖项，是业内公认的顶尖文学网站之一。

目前，17K 小说网拥有作品 37 万部，分主站和女生网两个站点。主站拥有作品近 27 万部，其内容针对男性作者，分为玄幻、奇幻、仙侠、武侠、游戏、竞技、都市、历史、军事、科幻、惊悚等种类。女生网拥有作品近 10 万部，类型主要有古装言情、都市言情、幻想言情、穿越重生、耽美同人等类。目前网站拥有网络作者超过 40 万人，知名作家 2000 余人，出版机构 500 余家，日均访问量 3000 万。②

图 7-6 17K 小说网首页

二、三家文学网站异同

纵观三家著名文学网站,有一个统一特点,就是几乎找不到经典名著的踪影,

---

① 艾瑞 iUserTracker:2015 年 1 月垂直文学网站行业数据 [EB/OL].[2015-05-25].http://report.iresearch.cn/html/20150303/247087.shtml.

② 关于我们 [EB/OL].[2015-07-08]. http://www.17k.com/aboutus/.

取而代之的是清一色的原创文学作品。而言情、都市、武侠、玄幻等主题的作品是大部分网络文学的主打产品，体现在栏目设立上，这些词自然而然成为首页阅读导航中的关键词。而三大网站会设立自己特色的栏目，以有倾向性地引导网友阅读。

表 7-2　几家文学网站异同

类别	起点中文网	晋江文学城	17K 小说网
定位	国内最大的原创网络文学网站	全球最大女性文学基地	集创作、阅读于一体的国内领先在线阅读网站
创始年份	2002 年	2003 年	2006 年
隶属公司	阅文集团	—	中文在线
商业网站	是	是	是
作品题材	玄幻·奇幻、武侠·仙侠、都市·职场、历史·军事、游戏·竞技、科幻·灵异	言情小说、原创小说、非言情小说、衍生小说	玄幻·奇幻、仙侠·武侠、游戏·竞技、都市·职场、历史·军事、科幻·灵异、都市言情、古装·穿越
登录方式	盛大通行证、手机号、二维码	盛大通行证、支付宝、腾讯QQ、新浪微博、手机号等	17K会员、腾讯QQ、新浪微博、人人网账号
付费方式	作品标准定价由作者自主制定，默认标准为每千字 5 起点币，不足一千字的 VIP 章节可免费阅读	VIP 章节购买，按章节字数扣消费点，根据等级不同，扣费金额不同，最低至每千字 2.4 点晋江币	虚拟货币为 K 币，1 元人民币可兑换 100K 币，作品 VIP 收费章节为 3K 币/千字，包月收费 30 元
注册作者、签约作者	—	50 万人、12000 人	30 万人、2000 余人
著名作家	我吃西红柿、天蚕土豆、唐家三少、雷云风暴、忘语、辰东、梦入神机、跳舞等	老草吃嫩牛、颓、我要吃肉、绝世猫痞、两颗心的百草堂、丁墨、长着翅膀的大灰狼、小孩你过来等	酒徒、失落叶、骁骑校、小农民、鱼歌、冬虫儿、水流云在、Baby 魅舞

三、其他文学网站

2015 年 1 月，腾讯宣布正式成立阅文集团，统一管理和运营原本属于盛大文学和腾讯文学旗下的起点中文网、创世中文网、潇湘书院、红袖添香、小说阅读网、云起书院、QQ阅读、中智博文、华文天下等网文品牌，除上文介绍的三大文学网站，我们还将给大家介绍阅文集团的其他文学网站。

创世中文网（http://chuangshi.qq.com/）：成立于2013年，是由网络文学业界资深团队精心打造的，集阅读、创作、互动社区、版权运营于一体的全开放网络文学平台。作品储备近十万部，涵盖玄幻/奇幻、武侠/仙侠、都市/职场、言情、历史/军事、科幻/灵异、游戏/竞技、同人等分类，并已吸引数百位人气网络作家加盟，新书独家连载。

潇湘书院（http://www.xxsy.net/）：创建于2001年，是最早发展女生网络原创文学的网站之一，也是最早实行女生原创文学付费的网站。潇湘书院用户数量与日俱增，访问流量在国内文学类网站中名列前茅。

红袖添香（http://topic.hongxiu.com/aboutus/）：创办于1999年，是全球领先的女性文学数字版权运营商之一。涵盖小说、散文、杂文、诗歌、歌词、剧本、日记等体裁的高品质创作和阅读服务，在言情、职场小说等女性文学写作及出版领域具有巨大影响力。

小说阅读网（http://www.readnovel.com/）：成立于2004年，是全球领先的文学综合版权运营商之一，主要提供都市生活、婚恋职场、古言穿越、历史军事、青春励志、悬疑幻想等体裁文学作品的线上阅读、手机无线阅读、线下出版、影视改编、游戏改编、动漫改编服务。网站拥有海量原创作品、签约作家、签约编剧及用户群。综合数据在全球中文小说阅读领域独占高地。

QQ阅读（http://book.qq.com/）：是一款隐藏在QQ邮箱中的软件。创新上线的QQ阅读采用了类似杂志的阅读版面，网友可以通过自定义设置，打造个性化的电子杂志：不仅有好友日志、博客、报纸、杂志，甚至腾讯微博的最新内容都能第一时间阅读，与线上好友即时分享。

除上述提到的17K小说网，另还介绍中文在线旗下两个文学网站：

17K女生网（http://mm.17k.com/）：专为女生打造的言情小说网。

书香中国（http://www.chineseall.cn/）：致力于为全世界华人用户提供优秀的电子图书读物，以帮助读者养成良好的阅读习惯为宗旨的网络运营平台。

除此之外，还有其他比较知名的文学网站：

言情小说吧（http://www.xs8.cn/）：成立于2005年，成立伊始，网站就致力于打造最好的言情小说阅读体验平台与华语言情小说阅读基地。其日浏览次数已超过6300万，拥有350万注册用户。

榕树下(http://www.rongshuxia.com/)：创办于1997年，是国内历史最悠久、最具品牌的文学类网站。主要提供都市、言情、青春、历史、军事、悬疑、幻想、儿童、短篇等分类阅读。

第三节　科普传播的新探索

科普不是冷冰冰的知识，而是对身边的生活进行有意思的科技解读和创造。除了看电影、听音乐、玩手机，你也可以尝试在业余时间做一个长腿机器虫，认识更多的星星和路边植物，或者用科学知识去破解网络上的流言。为了这一愿望，果壳诞生了。

大家是否还记得，2008年汶川地震发生后三个小时，"松鼠"瘦驼就发表了一篇《动物预报地震，靠谱吗？》的文章，第一时间回应了地震后关于震前动物预报的种种谣言？"松鼠"由此"一战成名"。

果壳、"松鼠"的诞生，让你发现生活的乐趣不仅是文艺和消费，科技将为你打开认识世界的另一扇窗。你能在这里找到许多志同道合的朋友，发现最小众的趣味也会被欣赏，探索到许多从未想象过却如此奇妙的科技兴趣。今天，我们来开启科普传播的新探索。

一、科普网站介绍

（一）科学松鼠会（http://songshuhui.net/）

科学松鼠会产生在新的媒体融合时代的环境下，成立于 2008 年 4 月，是一个致力于在大众文化层面传播科学的非营利机构。会聚了当代最优秀的一批华语青年科学传播者，旨在"剥开科学的坚果，帮助人们领略科学之美妙"。

科学松鼠会主要的活动范围是在网络上。它拥有一个群博客，同时在豆瓣建立了科学松鼠会小组，亦在新浪微博安家，后两者都是目前互动性最高的网络社区。积极发展基于网络的线下活动——小姬看片会和达文西行走中队，不定期地举办讲座、沙龙，承办"首届科学嘉年华"，出版了由网上文章合集而成的图书。

图 7-7　科学松鼠会首页

如今，科学松鼠会的博客、微博在公众中具有较高的知名度，并得到了官方的认可和媒体的广泛关注。例如，"科学松鼠会蹿红"入选 2008 年度"中国科普十大事件"，《人民日报》、中央电视台等权威媒体都报道过该组织。

（二）果壳网（http://www.guokr.com/）

果壳网是于 2010 年 11 月上线的网站，定位是以科技为核心的社会化媒体。

果壳网是开放、多元的泛科技兴趣社区，并提供负责任、有智趣的科技主题内容。在这里，你可以根据兴趣关注不同的主题站和小组，阅读有意思的科技内容；在"果壳问答"里提出你所困惑的科技问题，或提供靠谱的答案；关注各个门类和领域的果壳达人，加入兴趣讨论，分享智趣话题。

果壳网的创始人是姬十三，它与科学松鼠会在运营上完全独立，后者是NGO哈赛中心旗下公益科学传播项目。

图7-8 果壳网首页

二、两大科普网站异同

这两大科普网站的主要区别在于运营模式。松鼠会网站是一个汇聚会员作品的博客，网站上的文章很多是会员为各类媒体写稿后放上来的，目前一天更新两至三篇；而果壳网的主题站由20个编辑向作者约稿，支付稿费。果壳网的社区，则是几十万网友随意在里面发言，没有太多约束。松鼠会是帮助科学写作者成长和交流的平台，像是民间版的科普作协，是非营利机构，而果壳的发展目标是做"中国的Discovery"，是商业性营利机构。两者的区别就像一个文学博客和豆瓣的关系。对科学松鼠会来说，网站并非全部，其主旨是会员发展和服务，而对果壳来说，果壳网的产品、运营则是最主要的工作。

表 7-3 两大科普网站异同

类别	科学松鼠会	果壳网
定位	让我们剥开科学的坚果	科技有意思
成立时间	2008 年	2010 年
栏目	原创、活动、译文、专题、训练营	科学人、小组、问答、MOOC、在行、十五言、其他
运营模式	松鼠会网站是一个汇聚会员作品的博客，文章很多是会员为各类媒体写稿后放上去，一天更新 2~3 篇	主题站由 20 个编辑向作者约稿，支付稿费；社区网站则是几十万网友随意发言，没有约束
文章风格	以基础自然科学为主，文章风格主题更集中	社区形式，文章风格更"活"一点
发展目标	成为一个服务越来越多科学写作者的机构，并积极与国际上的类似机构开展合作与交流	主要以适合当代人习惯的方式发展媒体形式，也即互联网模式；像 discovery 一样，发展多种内容载体，从互联网媒体到出版，甚至其他
主要缺陷	传播内容不够权威、过于艰深	

三、其他科普网站

除松鼠、果壳两大科普网站外，还有些知名度比较高的科普网站。

知乎网（http://www.zhihu.com/）：知乎网是一个中文问答社区。知乎上的问题和回答水平是很高的，这在论坛式灌水之风盛行的中文互联网中实属不易。

未来光锥（http://guangzhui.org/）：2011 年 12 月 12 日，"未来光锥"正式启用。主题富有多样性和前沿性，嘉宾的讲解带有故事性，问题的呈现具有现场感。它将远不是一场简单的"讲座"，而是一场传播新知的"表演"。

第四节　数字化网络购书体验

"买还是不买,我想听听其他顾客的评价再决定。"相信很多人都有这样的想法。这些静悄悄的实体店根本做不到的事情,在网上书店却可以轻松实现。"品种无限、选择无限,价格低廉、购买方便,信息检索、省时高效,异地成交、永不打烊,享受参与和交流的快乐"。如此多的便利,使得网络购书正受到越来越多读者的青睐。

网络的方便和快捷开始改变人们传统的购书习惯。最新网络调查结果显示,目前国内网上书店销售额已占我国图书市场30%以上。[1]不需要步入书店在众多的书架间寻找精神食粮,轻击鼠标,足不出户,就可以在网络上淘到自己的所爱,网络购书已经迅速走入人们的生活,演变为网虫们的一种生活方式。

一、购书网站介绍

(一)当当网(http://www.dangdang.com/)

当当网是国内领先的B2C网上商城,成立于1999年11月,以图书零售起家,已发展成为领先的在线零售商、中国最大图书零售商、高速增长的百货业务和第三方招商平台。

当当网在线销售的商品包括图书、音像、服装、孕婴童、家居、美妆和3C数码等几十个大类,在库图书超过90万种,百货超过105万种,其注册用户遍及全国32个省、市、自治区和直辖市。2015年1月13日,当当发布了《2014当当中国图书消费报告》。报告显示,2014年,当当平台的图书消费量高达3.3亿册。

当当于2012年推出自主研发的都看阅读器,可媲美亚马逊的Kindle,配备6英寸的电子屏幕,阅读更加轻松自如。

---

[1] 十大常用购书网 [EB/OL].[2015-05-22].http://news.qq.com/a/20090907/002047.htm.

图7-9 当当网图书首页

（二）亚马逊中国（http://www.amazon.cn/）

亚马逊中国前身为卓越网，之后叫卓越亚马逊，它是一家中国购物网站。2004年8月19日，亚马逊以7500万美元收购卓越网。该网站成为亚马逊第七大本地化网站。2007年6月5日，其域名joyo.com改为amazon.cn，并把卓越网名称改为卓越亚马逊。2011年10月27日，卓越亚马逊变更为亚马逊中国。

作为一家在中国处于领先地位的电商，亚马逊中国为消费者提供数百万种独特的全新、翻新及二手商品，类别包括图书、影视、音乐和游戏、数码下载、电子产品、家居和园艺用品、玩具、婴幼儿用品、杂货、服饰、鞋类、珠宝、健康和美容用品、体育、户外用品、工具、汽车和工业产品等。

亚马逊中国除了能实现纸质图书数字化订阅，还提供电子书网上购买，通过支付一定金额，将该书电子版本下载到亚马逊Kindle阅读器上进行阅读。Kindle电子书店品类齐全、价格优惠，还有数千本免费电子书，包括众多的中外经典名著。

图 7-10 亚马逊中国图书首页

（三）京东商城（http://www.jd.com/）

京东成立于 1998 年 6 月，是中国最大的自营式电商企业。

它提供丰富优质的商品，品类包括计算机、手机及其他数码产品、家电、汽车配件、服装与鞋类、奢侈品（如手提包、手表与珠宝）、家居与家庭用品、化妆品与其他个人护理用品、食品与营养品、纸质书籍、电子图书、音乐、电影与其他媒体产品、母婴用品与玩具、体育与健身器材，以及各种虚拟商品（如国内机票、酒店预订等）。

京东商城于 2012 年推出一款可用来在线购买电子书的软件——京东商城客户端，可以让你实现海量的电子书刊在线阅读，还能随时随地找到你需要的电子书，并以安全快捷的方式进行在线支付。

图 7-11 京东商城图书首页

二、三大网上书店异同

亚马逊中国、当当网上书店的成功彰显了网上书店发展的强势劲头。亚马逊、当当最初靠销售图书起家,而后逐渐成为综合性网站,而京东以综合性网站起家,销售图书是逐步实现的。它们在信息搜索等方面各有千秋,但是在个性化服务、特色服务方面,当当、京东不敌亚马逊。

表 7-4　三大网上书店异同

类别	当当网	亚马逊中国	京东商城
定位	中国最大的图书电商	中国领先的图书网上商店	中国最大的自营式电商企业
创始年份	1999 年	2004 年	1998 年
特色栏目	独家特供、当当图书排行榜、主编推荐、新书热卖榜、热搜图书推荐、专家推荐、读者推荐	亚马逊编辑推荐、图书销售排行榜、特别关注、精选图书推荐、图书分类推荐、畅销书各类别排行榜、新书销售排行榜	热搜图书、图书排行榜、主编推荐
图书的推荐信息	根据商品的属性给予编辑推荐、内容推荐,顾客还可以在商品评论上留下自己的意见或心得	根据商品不同属性给予顾客相关商品消费信息的推荐。除了告诉顾客价钱和折扣,还让读者留下自己的意见或心得	推荐信息较简单,没什么个性化的推荐信息
图书的评价信息	读者评论、媒体评论	读者评论、媒体评论、编辑评论、专家评论、专业评论	读者评论、编辑评论、媒体评论
推荐指数	★★★★☆	★★★★★	★★★☆☆
是否推出电子阅读器	是,Doucon 都看阅读器	是,Kindle	是,京东 lebook 阅读器
是否有听书功能	是,当当读书 HD	是,Kindle Phone	无
原创栏目	豆瓜小说	无	无

三、其他购书网站

看书可以充实我们的头脑,让我们更多地了解外面的世界。不过书店购书价格稍贵,所以如果想选购书的话可以到网上购买,除了当当网、京东商城、亚马逊中国等知名购书网站,还有以下网站。

淘书网（http://www.taoshu.com/）：是一家有多年书业运营经验的图书电商网站，以经营书店和出版社的库存特价书为特色，低于正常折扣（甚至亏本）销售。

孔夫子旧书网（http://www.kongfz.com/）：全球最大的中文旧书网站，汇集了全国 9 万家网上书店与书摊，展示多达 5000 万种图书。

澜瑞外文（http://www.lanree.com/）：是国内最大的专营原版进口图书的电子商务网站，于 2011 年 4 月正式上线。通过与国内多家图书进出口公司合作，澜瑞外文网站目前已汇集了包含建筑、艺术、时装、时尚、旅游、餐饮、健康、体育、经济、管理、历史、文学、儿童等种类的超过 1000 万种的外文原版图书和 4000 多种国外专业期刊。

香港商务印书馆（http://www.cp1897.com.hk/）：是香港网上书店，可购买港版书籍，邮递费用为 140 元港币起。

诚品网络书店（http://www.eslite.com/index.aspx）：台湾著名的大型连锁书店诚品书店的网络版本，提供中文书籍、外文书籍、儿童书籍、CD、DVD、文具精品馆、团购专区、书展活动等众多内容。

第五节　门户读书频道

1996 年前后，国内互联网出现了门户网站。10 年来，网络媒体历经风雨，不断壮大，频道也从过去简单的新闻频道扩展到如今的财经、房产、娱乐、游戏等，无所不有。各大门户网站的读书频道，也随着网络自身的发展、网络文学的兴起及成熟，从无到有，从小到大，呈现火爆之势。

2002 年，新浪创建读书频道；2004 年 8 月，搜狐读书频道诞生，同年 9 月，腾讯也有了自己的读书频道……目前稍具规模的门户网站都开设了自己的读书频道，其中新浪、搜狐、腾讯三大网站的读书频道发展迅速。

一、门户读书频道介绍

（一）新浪读书（http://book.sina.com.cn/）

2002年，新浪网在国内门户网站中开风气之先，率先成立了读书频道。据中国互联网信息中心2010年12月发布的《中国网络文学用户调研报告》显示，使用新浪读书阅读的用户比例达到了23.2%，仅次于起点中文网（用户比例为24%）。[1]来自中商情报网的"2013年7月网络文学网站访问排名"中，新浪读书则位列第三。[2]可见，新浪读书很受读者欢迎。

与专业的网络文学网站相比较，新浪读书的用户群体更加多样化，其频道包括书籍评论、免费或付费阅读的原创网络小说、已出版的热门图书与经典作品等，还包括与热门社会、文化议题相关的资讯，以及知名作家、评论家的访谈。

图7-12 新浪读书首页

---

[1] 纪海龙.网络文学网站100[M].北京：中央编译出版社，2014.
[2] 2013年7月网络文学网站访问量排名[EB/OL].[2015-05-25].http://www.askci.com/news/201308/10/10933597546.shtml.

(二)搜狐读书(http://book.sohu.com/)

搜狐读书频道于 2004 年 8 月上线,是门户网站中较早开设读书频道的网站。

作为搜狐旗下的一个子频道,除原创文学外,搜狐读书还有历史回顾、热点追踪、专题策划、名家专访等内容。网站内容设置丰富,包括新书、排行、图集、书库、资讯、书评、阅读中国、读书会、会客厅、书见风云、人物、专题等栏目。读书主页面有策划、好书、摘书、视界、作家及排行榜。

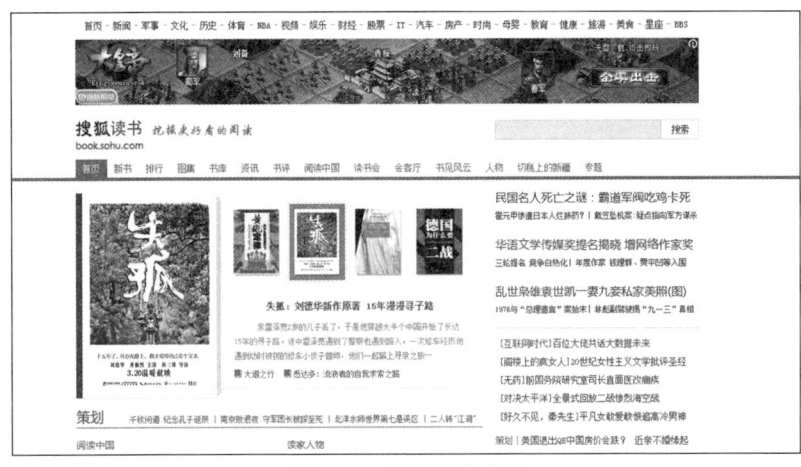

图 7-13 搜狐读书首页

(三)腾讯读书(http://book.qq.com/)

腾讯网站于 2004 年 9 月正式开通读书频道,第一个月的访问量就突破了 20 万。

腾讯读书在网页设计上,页面整体简洁、干净,没有广告,彰显出独特的青春亮色。主要栏目有:VIP 专区、连载书库、图书排行、原创小说、原创男频、原创排行、网络杂志、文化博客、文化图库、精彩书摘、文化频道等。

腾讯读书属于门户网站下面的文学频道。除原创网络文学外,腾讯读书还拥有传统作家的作品,以及一些已出版的网络文学书籍,为作者提供这些作品的电子版阅读服务。

图 7-14 腾讯读书首页

二、三大门户读书频道异同

从以上介绍可以看出，与一般的网络文学网站相比，新浪读书的内容较为高端，也更偏向于传统。而腾讯读书属于门户网站下面的文学频道，因而较之一般的文学网站，其内容更加丰富、广泛。而相对来说，搜狐读书与腾讯读书作为门户网站旗下的子频道，搜狐读书的内容比专业网站更丰富，给读者提供多元化的选择。搜狐读书同新浪读书一样，内容相对而言较为高端，包括不少深度阅读和名家专访内容。

表 7-5 主要门户读书频道异同

类别	新浪读书	搜狐读书	腾讯读书
定位	为文学爱好者搭建华文最具影响力的网络原创平台和交流社区	挖掘更好的阅读	是腾讯公司 2012 年公布实施的"泛娱乐"战略中的重要一环
创始年份	2002 年	2004 年	2004 年
频道	书库、书摘、资讯、专栏、好书榜、专题、组图	新书、排行、图集、书库、资讯、书评、阅读中国、读书会、会客厅、书见风云、人物、切糕上的新疆、专题	VIP 专区、连载书库、图书排行、原创小说、原创男频、原创排行、网络杂志、文化博客、文化图库、精彩书摘、文化频道

续表

类别	新浪读书	搜狐读书	腾讯读书
排行榜	微博热读榜、电商销售榜、媒体热评榜	最新图书榜、周点击、月点击、总点击、收藏榜、好评榜、推荐榜、小说月榜、生活月榜、社科月榜、财经月榜、教育月榜	最新作品榜、新作分类榜、活跃作品榜、作品总榜
能否书架收藏	能	能	能
能否评论/投票	能	能	能
相关链接	有	有	有
书友会	有	有	无
是否付费阅读	是，初级VIP会员每千字3分钱阅读新浪原创VIP作品内容，白金VIP会员则收费每千字2分钱	是，每千字3原创币的价格阅读VIP章节，1元人民币相当于100原创币	是，可单本购买，也可以包月购买阅读，每月10元

三、其他门户读书频道

网易读书（http://book.163.com/special/0092rt/test_index.html）：不仅包含了一个综合性的电子书库，还设有博客、书讯、书评、书摘、访谈及频道论坛等内容板块。

凤凰读书（http://book.ifeng.com/）：2008年正式上线，主要包含电子图书库、原创网文库、读书会、读药、开卷八分钟、书讯、书评、书摘、小说论坛以及业内资讯等多方面的相关内容，还有读点、重点、专题、苹果花文丛、阅界、书库、新书、图书名家专区、故纸、网文作家专区、网文等栏目展示和列表区。

新华悦读（http://www.xinhuanet.com/book/）：2003年上线，收录了部分网络原创作品，特设"原创书城"一栏，作品来自网络原创作品，实施VIP收费阅读。

第六节 其他资源

一、网络书评社区网站

(一)豆瓣网(http://www.douban.com/)

2004年12月,北京朝阳门外豆瓣胡同附近的星巴克,几乎每天下午,阿北(杨勃)都会拎着一台已经掉漆的PowerBook来到这里,埋头编程几个小时。豆瓣最初的程序大半完成于此。然后,2005年3月6日,豆瓣正式上线了。

豆瓣表面上看是一个评论(书评、影评、乐评)网站,实际上它却提供了书目推荐和以共同兴趣交友等多种服务功能,它更像一个集博客、会友、交流、小组、收藏于一体的Web2.0社区网络。豆瓣提供特定用途的检索、购买渠道推荐、特定商品的比价、资料的存储和共享、站内线上交互、SN、"二手交换"、"豆瓣推荐"、豆瓣电台等服务。豆瓣鼓励用户参与,参与得越多,贡献得越多,收获也就越多。通过用户的自我创造与分享,形成无数个志同道合、"臭味相投"的小组。

图 7-15　豆瓣网首页

（二）天涯社区闲闲书话（http://bbs.tianya.cn/list-books-1.shtml）

天涯社区闲闲书话是一个关于图书的交流社区。自 1999 年诞生以来，如今已成为总发帖量超过 100 万的热门板块，被评为中国互联网上最具人文气息的读书论坛。

网站主要分为书评文论、书余文字、书库文信、问答等板块。通过社区交流的形式，天涯社区闲闲书话使得读者的互动性极强，帖子回复数量的多少反映了话题受关注程度的高低。

图 7-16　天涯社区闲闲书话首页

这一类倾向专业化的网络书评社区网站数量不多，规模不大，除了豆瓣网和天涯社区的闲闲书话之外，其他网站名气不大。这类社区是由具有共同兴趣及需要的人组成，以旨趣认同的形式组成在线聚合的网络共同体，无营利目的，吸引了部分忠实粉丝。

表 7-6　豆瓣与天涯社区闲闲书话异同

类别	豆瓣网	天涯社区闲闲书话
定位	一个用户创造、分享内容的典范	中国互联网上最具人文气息的读书论坛
创始年份	2005 年	1999 年
板块	读书、电影、音乐、小组、同城、豆瓣 FM、东西	书评文论、书余文字、书库文信、问答

续表

类别	豆瓣网	天涯社区闲闲书话
排行榜	豆瓣最受欢迎的书评	24小时排行、周排行、月排行、年排行、总排行
特色之处	没有编辑写手，没有特约文章，没有六百行的首页和跳动的最新专题	以"书话"为首要宗旨，延及其他体现人文意义的话题，以"闲话、闲趣、闲谈"为板块风格
最重要栏目	书评、影评	书评文论
产生的效果	其评论的书籍、电影或音乐不一定是当下最流行的时尚元素，这些游离在畅销排行榜之外的非主流却吸引了数量庞大的小众群体	社区交流的形式使得读者间互动性极强，帖子回复数量的多少反映了话题受关注程度的高低
社会评价	网民没有功利思想，来就是参与，评论是出自一般读者的肺腑之言。可以结识到很多买同类书的人，产生共鸣	—

二、古籍数字资源——书格（https://shuge.org/）

书格建立于2013年5月22日，它的起源是创建者于2012年在豆瓣建立的PDF小站（已更名为书格）：一个收集整理散落世界各地的中文古籍或绘画的小站。但是豆瓣小站广播有文字限制及严苛的审核制度。书籍文档增多后面临检索分类无法得到解决等问题，书格的创建正是为了解决这些问题。

书格内容越来越丰富。为了改善用户体验，在功能方面，书格先后加入了独立短链服务器、Feed订阅、专题推荐、搜索时简繁体自动转换、投稿和建议、微信订阅等功能。截至2015年3月，书格已经发布超过650套高质量的书籍资源，平均每周发布十部图书，所有资源大小约150G。

书格发布的书籍主要以高清彩色影像版本PDF格式，大部分书籍的单页宽度在1400像素以上，跨页宽度在2000像素以上。书籍刊行年代有宋元珍本、明清善本、近代刊本。

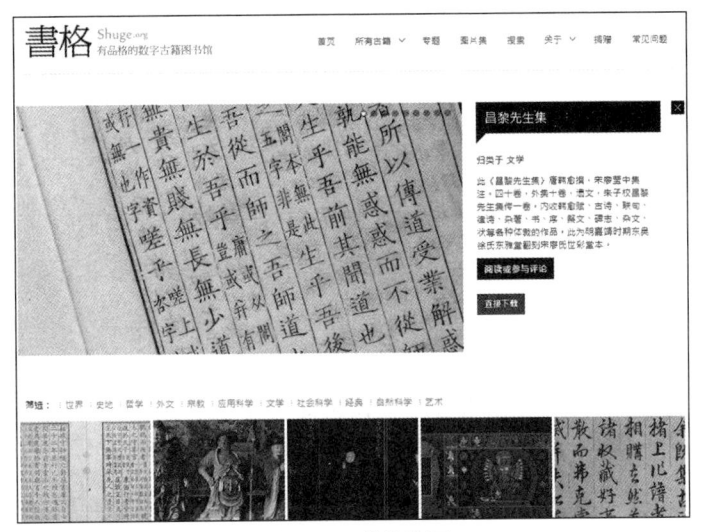

图 7-17　书格首页

三、微课网站——微课网（http://www.vko.cn/）

微课是一种时间控制在 20 分钟以下的视频公开课，其核心组成内容是课堂教学视频，另外含有辅助性教学资源，即与教学主题相关的教学设计、素材课件、教学反思、练习测试及学生反馈、教师点评等教学资源。我们在此介绍微课网，它是国内首家中学生 ESNS 学习社交网络，以中考、高考为目标，提供初高中各学科的在线教育微课程视频，同时可以和同学组成圈子互动答疑、测试并分享学习动态。

图 7-18　微课网首页

微课程与慕课有点相似：主体都是教学视频，要求短小精悍；可用于翻转课堂教学；要求有与主题相关的练习测验、评价等教学资源。此处对比这三种公开资源，便于大家选择适合自己的资源。

表7-7 公开课、慕课、微课程对比分析

类别	公开课	慕课	微课程
定义	有组织、有计划、有目的，一种面向特定人群作正式的公开的课程讲授形式活动	大规模开放在线课程	按照新课程标准及教学实践要求，以视频为主要载体，记录教师在课堂内教育教学过程中围绕某个知识点或教学环节而开展的精彩教与学活动全过程
特点	开放与共享是单向的	大规模、开放性、在线课程	教学时间较短、教学内容较少、资源容量较小、资源组成结构"情景化"、主题突出、内容具体、成果简化、多样传播
课程形式	无	每周一次的在线讲授、研讨问题及阅读建议等	无
互动性	不强调	利用平台、工具等促进互动	不强调
教学目标	主题鲜明、任务明确	多维度、多层次	达到常态课要求的教学目标
学习者特征	学校师生、企业领导均可参加	对象多样，需求及动机不定	受众基本固定，以中小学生为主
教学方法与策略	讲授式为主	教学方法多样，以讲授型、演示、实验型为主	以讲授型为主
学习资源	视频	视频、其他练习、互动、参考资料等资源同等重视	视频为主，其他资源为辅
学习活动组织	课程追求体系化、完整化及标准化，带来冗长、乏味与课本搬家	不要求呈现完整教学过程，形式随意，强调组织互动	进入核心知识点较快，忽略与学习者的互动组织

续表

类别	公开课	慕课	微课程
证书认证	无单独认证	提供课程认证证书	无单独认证
学习评价	无	自动批改与学生互评，重视评价	学习记录，过程评价

思考题

1. 请介绍你经常使用的文学网站，并阐述其目前存在的不足之处。
2. 假如你是一个读书会的组织者，如何利用豆瓣小组组织活动？
3. 作为阅读推广人，如何推广网络阅读资源？请举例。

第八讲

数字阅读推广活动组织与策划

银 晶[*]

数字阅读推广特别之处在于"数字",它不仅仅是简简单单地将各具特色的数字化阅读内容进行推荐,还涉及推广使用的渠道及阅读方法。阅读推广人需要巧用各种"利器",让每个人都能在数字阅读的海洋中获得指引,了解获取阅读的途径及各种阅读资源等。本讲以案例的形式介绍几种典型的推广活动组织情况、策划特色、实施效果等,希望能给予阅读推广人以借鉴。

第一节 网络书香·全国数字阅读推广活动[①]

一、活动组织

本活动是由国家图书馆主办,全国各地公共图书馆承办,旨在传播数字图书馆的使用理念,介绍数字图书馆推广工程资源使用内容,活动时间为2013年5~7月。

---

[*] 银晶,东莞图书馆馆员,参与省(部)级科研课题:国家文化科技提升计划项目《公共电子阅览室的新形态实现研究》、文化行业标准项目《信息与文献——公共图书馆影响力评估的方法和过程》。参编《书香社会》《名人笔下的东莞》等著作。

[①] 资料来源:http://www.ndlib.cn/wlsx/dt/,由作者整理。

二、活动策划

（一）信息搜索竞赛

编辑信息检索的趣味性问题，如对对联中的缺字，或者数据库使用基本常识等，采用在线答题模式，答题者可借助互联网、数据库等网络资源进行搜索来解答。无时间限制。

（二）展览/体验区

在重点推广的国内十家图书馆，国家数字图书馆推广工程设计以立体展板、多媒体终端、交互展示为主要展示方式的体验区，通过资源展示、互动体验等多种手段呈现于受众。其他参与馆将获得国家图书馆提供的展览内容设计原稿，可据此自主喷绘展板开展活动，并可在此基础上依据当地实情进行个性化打造，融入本地展览之中。共设计12张展板，内容包括开篇、四种数字阅读案例（PC阅读、移动终端阅读、触摸屏阅读以及数字电视阅读）、数字图书馆推广工程虚拟网络资源介绍（中文资源及外文资源）及数字图书馆推广工程介绍（概述、建设内容、总体框架、网络及系统平台、服务平台）。

（三）培训/讲座

在重点推广的十家图书馆，国家数字图书馆推广工程邀请具有一定知名度的专家、学者开展数字阅读方面的现场讲座，作为系列讲座的开场活动。各地图书馆可依据本地开展讲座的经验积累，继续邀请当地专家开展讲授，形成名家讲座系列活动。其他参与馆将获得国家图书馆提供的数字阅读讲座视频，各馆可据此开展面向本地读者的活动。亦可依据当地实情进行个性化打造，开展个性化的培训或讲座活动。

（四）有奖征文

"我与数字图书馆"有奖征文自活动启动时开始至2013年7月31日结束，

参与馆在此段内任意时间，均可自行开展征文活动，活动组织形式不限。本次征文着重搜集读者使用数字图书馆的直观印象和感受，数字图书馆为读者的生活、学习、工作等方面带来的便利，通过数字图书馆在世界观、人生观、价值观与思想品德等方面获得的益处，或数字图书馆相关工作人员，在工作中的心得、体会、心路历程、情感经历等。为扩大活动的社会影响力，征文结束后，优秀文章将通过活动专题页面、媒体专栏及专报的方式向社会公布。

（五）活动宣传

推广工程开通"网络书香"加V的新浪微博，并将微博页面嵌入到活动主页中进行展示，各参与馆可以个人或者官方的名义关注微博，开展互动以及信息分享。

三、活动秘籍

首先，各馆在"网络书香"这个名称的基础上可引申出本地活动的名称，比如"网络书香·阅读引未来""网络书香满羊城"等。不要小看名字修改，特别要适应本地化，这样开展起来才是本土品牌活动。

其次，活动围绕"数字阅读"设计，从用户的实际操作运用、数字阅读内容图文展示、专家学者讲座引领到通过征文反映用户使用体验等方面进行了立体推广，内容丰富且整体活动项目、展览内容、宣传都由国家图书馆统一策划并提供。各馆具体实施要简单易行，可操作性强、易于开展。限于自身条件制约的馆只需按照要求操作就可以开展活动，而条件较好的馆还可以增加更多内容推广本地数字阅读服务，在"国家图书馆数字阅读推广活动"的金字招牌下带动本地图书馆的数字阅读活动，增强影响力度，一举至少三得，使得本地活动层次瞬间提升，同时用户也很乐意参与活动。这种活动操作起来比较容易，活动覆盖范围广，效果好，推广起来也比较容易。

四、活动实施效果

整体活动在全国27个省市级图书馆开展，除按照国家图书馆提供的活动内容外，各地图书馆还根据本馆特色增加了相应的数字阅读推广活动，传播范围广，效果明显。

柳州图书馆增加了志愿者座谈会，介绍目前数字图书馆的发展，并围绕志愿者活动与如何开展数字图书馆资源服务进行互动交流。

浙江省图书馆开展了"网络书香·掠美瞬间"数字图书馆推广工程摄影作品征集大赛活动。

数字阅读推广离不开电脑。为此，天津市和平区图书馆暑期开展"我教爷爷奶奶学电脑"活动，让未成年人辅导老年人电脑操作和数字图书馆的应用知识。而合肥市图书馆则开展公益性暑期青少年电脑知识培训，包括基本操作、办公软件应用、数字图书馆及手机图书馆等内容。

同样是面对青少年数字阅读推广服务，重庆市北碚图书馆暑期开展"中小学生精品课程"学习活动，介绍精品课程的内容设置及使用方法。

上海图书馆在本次活动中推出了地方系列活动，命名为"市民数字阅读推广计划"，包括："市民数字阅读推广"公益广告宣传广告语征集、宣传片拍摄及播放；"数字阅读那些事"微访谈活动，由副馆长刘炜在新浪网站上在线回答网友提问等。

杭州图书馆的"网络书香·数图知多少"活动融合多种元素，共设计"数图问答""拼图达人""看图猜库"三个板块，内容选择上强调"好玩""趣味""寓教于乐"。参与者们自由选择游戏方式，然后搜集线索、寻找路径，最终获得答案。在一次又一次点击按钮、打开页面的过程中，数字图书馆所蕴藏的"丰富宝藏"被读者们真心接受。

南昌市图书馆、贵州省图书馆、福建省图书馆等都设立了数字阅读体验区，运用立体展板、多媒体终端，结合交互体验的方式，向公众传播数字图书馆服务理念。读者可通过架设在展厅的一体机、平板电脑、数字电视等多媒体终端享受数字图书馆面向公众的各种服务，并访问国家图书馆组织提供的资源。

各地图书馆除积极利用本馆资源、平台及服务开展活动之外，还与社会相关团体紧密合作，拓展服务内容和类型。比如贵州省图书馆利用本次活动，面向视障读者增加了"听见爱——我为盲人读本书"公益活动。该活动由贵州省图书馆联合贵州省残疾人联合会、金黔在线报业数字传媒有限公司共同举办，旨在通过贵阳广播电视台和爱心志愿者帮助盲人开展数字阅读。

抚州市图书馆与武汉缘来文化传播有限责任公司联合举办世界神秘之地大探险——暑期少儿"探险家"有奖活动，活动运用来自世界各国的优秀少儿科教片系列视频，满足少年儿童好奇与喜欢探索的天性，使少年儿童亲身感受到数字图书馆的乐趣。

天津市泰达图书馆档案馆特邀了果壳网创始团队成员、科技出版品牌果壳阅读的主编小庄女士现场作了题为"网络时代的科技出版与阅读"的专题讲座，阐释了网络的发展与技术的变革对当下出版及阅读活动的重要影响。

福建省图书馆特邀了鲁迅博物馆原副馆长兼鲁迅研究室主任陈漱渝先生现场作了题为"爱读书、读好书、善读书"的专题讲座。

第二节 "e读e学e生活——数字阅读从图书馆开始"大型展示体验活动

一、活动组织

本活动由东莞图书馆主办，东莞市各镇（街）图书馆协办，内容包括数字阅读资源介绍、硬件设备使用、空间服务介绍等在内的东莞图书馆数字阅读服务多形态展示，活动时间为 2014 年 11 月—2015 年 8 月。

二、活动策划

（一）平面展览

首先，从图书馆的视角出发，介绍了数字阅读载体演变发展过程，将东莞图书馆的海量数字资源以普通阅读、科研参考、学习提升、少儿资源、艺术鉴赏类别分别予以展示；其次，集中展示数字阅读服务实体阵地，包括新上线的"东莞移动图书馆"服务内容及使用方法；最后，向用户展示了东莞图书馆数字阅读宣传推广工作重点项目成果，包括官方微博、微信、团体定制服务、数字阅读进村（社区）活动、数字阅读进校园、数字阅读进家庭及常见问题解答等内容。

图 8-1　宣传海报

（二）体验活动

数字阅读不仅仅是各种图文、音视频，也不再局限于小小的液晶显示屏。当音视频资源用影院来包装、当学英文变成真人秀、当科普变成身临其境……当阅读以硬件包装的方式展示在人们面前时，人们发现原来还可以这样阅读！数字阅读变得更加有趣和直观。

东莞图书馆邀请七家有合作关系的数字资源内容提供商，将最新研发的数字阅读硬件产品向公众集中展示并体验，不仅呈现了国内目前数字阅读领域内最新硬件形态，同时读者亲身体验是引领数字阅读的最好方式，希望带动图书馆的数字阅读潮流。

表 8-1 "e 读 e 学 e 生活——数字阅读从图书馆开始"数字阅读体验活动表

序号	活动承办者	活动内容
1	东莞图书馆	"e 读 e 学 e 生活——数字阅读从图书馆开始"平面展
2	新东方	360 全息投影触控体验
		多纳幼儿触摸屏学习机
3		创客空间（3D 打印与迷你工坊）
4	玉屋粟	仿真书阅读体验活动
		3D 电子书阅读体验活动
5		低幼新型阅读方式——才智宝盒体验活动
6	MyET	"挑战麦克风，英语口说大闯关"MyET 英语有奖体验活动
7	中国电信东莞分公司	电信移动办公体验活动
		电信智能家居体验活动
8	库客	库客数字留声机体验活动
		库客音乐视频欣赏体验活动
9	超星	东莞移动图书馆有奖体验活动
10	方正	漫画电子书有奖体验活动

（三）巡展活动

东莞图书馆实行总分馆制，对全市32个镇（街）图书馆负有业务指导职责。此次展览特地印制了小尺寸展板，方便在镇（街）图书馆较小展厅内进行巡展，同时还制作巡展活动信息登记表、展览留言本、巡展情况反馈表，分馆展出并填报表格提供给总馆。巡展活动能让更多远离市区的读者就近了解东莞图书馆的数字资源、平台及服务。

表8-2 观展留言表

观展留言	感谢您的建议与意见，我们将会继续努力！				
读者姓名		联系电话		邮箱	

表8-3 巡展活动信息登记表

巡展单位名称	参与巡展		是□ 否□
巡展活动负责人			
办公电话		手机	
QQ		邮箱	
巡展项目	"e读e学e生活——数字阅读从图书馆开始"展览		
拟展出时间	年　月　日		

表8-4 巡展情况反馈表

序号	展出时间	展出地点	展出效果（文字及相片）含观展人数	读者留言数量

三、活动秘籍

首先，集中展示时尚、新颖、炫酷的体验活动的项目可以给读者一个强有力的视觉冲击感，略带科幻外观的阅读体验活动是由所邀请的数字内容提供商提供。这不仅对提供商来说是一个很好的展示机会，对举办方图书馆来说也是一个非常好的读者体验活动。但图书馆需要考虑提供商的成本因素。规模较大的展会形式对提供商来说较有吸引力。如何邀请到参展商，那就要看平时与馆配商的沟通及对资讯的了解，平时的功课要做好。其次，平面展览的内容设计要从读者的使用、读者的兴趣来考虑。比如数字阅读载体演变历程，对于曾经用过的磁带、光盘、U盘等读者会觉得亲切熟悉，易引起共鸣，增加观展兴趣。最后，资源的介绍不再以简单的数据库形式，而是从读者使用情景出发，将资源的使用融入到用户生活中，易于被读者接受。

巡展活动则充分利用东莞图书馆总分馆集群系统。因分馆限于各种因素制约，总馆尽量将展览事宜安排详尽，比如展板印制、制定反馈表格等。分馆同仁只需按照要求简单操作即可完成，这样，总馆将活动影响力扩展到全市各镇（街），各分馆也分享总馆活动，丰富基层读者的文化生活。虽然牵头馆辛苦一点，但是效果是倍增的，而且互惠双赢利于今后类似活动的开展。

该项活动操作简单，亮点和难点在于参展商是否有意愿一起参加，将众多数字阅读设备一起展现给用户，成规模的体验活动的推广效果是比较好的。

四、活动实施

（一）平面展览掠影

图 8-2　东莞图书馆一楼平面展览现场

（二）体验活动现场掠影

图 8-3　库客音乐图书馆

图 8-4 电子书借阅机

图 8-5 MyET 英语口语模仿

图 8-6 漫画仿真书

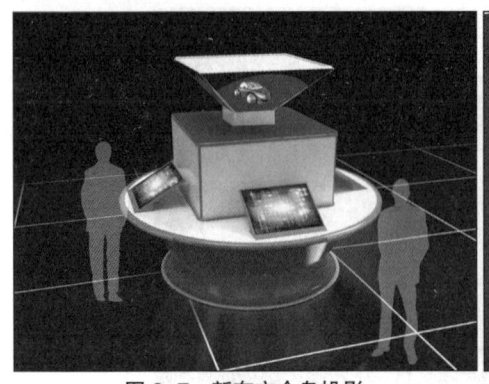

图 8-7　新东方全息投影 　　　　　　　图 8-8　新东方互动学习机器人

（三）巡展活动

此次展览题材新颖、图文清新、内容丰富，共有 15 个镇（街）分馆积极参与，展览内容受到了读者广泛赞誉。

图 8-9　寮步图书馆展场 　　　　　　　图 8-10　望牛墩中学展场

图 8-11　东坑图书馆展场图 　　　　　　8-12　石排图书馆展场

第三节 "微"活动，大效益

微博、微信等早已为我们所知的新媒体形式充斥在日常生活当中，在 Web2.0 的环境下，由于博客、微博、共享协作平台、社交网络的兴起，每个人都具有媒体、传媒的功能。

对于缺少经费的图书馆来说，免费且宣传范围广泛的新媒体无疑是最佳服务及宣传利器，不仅可以推送各种资源，还可以塑造图书馆公众服务的新形象。

微博、微信、移动客户端在数字阅读推广活动方面有两个目的：一是引导用户使用数字阅读资源，包括资源推荐、资源使用技巧等；二是吸引用户关注，增加粉丝量，提升数字阅读影响力度和扩大数字阅读服务人群。二者相辅相成，好的内容吸引用户关注，而关注的用户可以得到更多的数字阅读推广服务。

一、微博

利用微博开展数字阅读推广活动已成为很多图书馆的必备工作之一，140 字的图文可以开展内容丰富多彩的活动，如图所示：

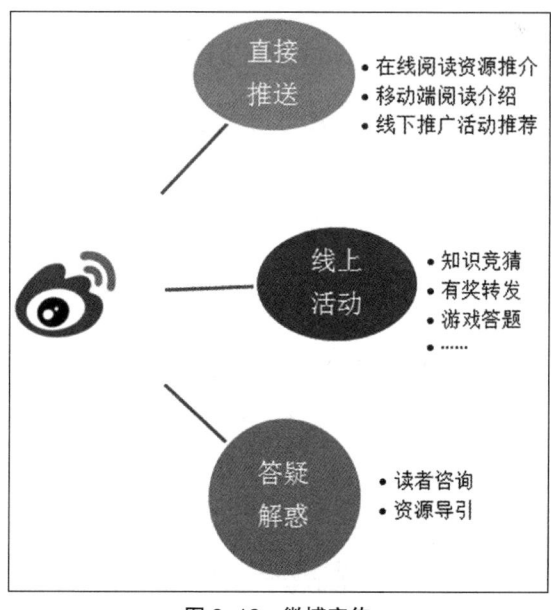

图 8-13　微博宣传

无论是常规的资源推送还是开展线上活动，文字的表达及配置的图片都需要精心设计，不能僵硬刻板，而应亲切活泼、令人愉悦，使用户乐意接受并参与。除了语言文字表达清晰、准确、友好之外，图片的配置要适合语言文本的描述，或者画龙点睛、或者呼应、或者是更加清晰地展示等。一条优秀或者合格的微博，都是洗练精彩的文图作品。

如何开通微博账号并成为官方微博，在微博网页中有详细介绍，这里不再赘述。本文以新浪微博为例介绍几种典型的线上数字阅读推广活动并进行分析。

微博的线上活动可以分成两种：一种是"1+N"模式，即微博宣传+链接跳转到活动页面开展；一种是利用微博自带的"微博活动"功能模块开展。

（一）"1+N"模式

"1"为微博宣传广告语，"+"为具体参与活动的网页链接，"N"为相关网页的具体内容，可以是在线调查问卷、游戏题、知识问答、推荐的数字阅读内容、微书评等，这种模式较为常见。

"乐淘淘喜羊羊电子书里话灯谜"活动

活动为猜谜，微博广告语+活动页面链接，在网页上填写灯谜谜底，并留下姓名、电话和奖品寄送地址。获奖名单将在市民数字阅读网站、上海图书馆微信服务号、上海图书馆信使新浪微博同时公布。

杭州图书馆数字资源调查活动

活动为读者在网页上填写数字阅读调查问卷，微博广告语+活动页面链接，在网页填写问卷并参与抽奖。

活动秘籍：

首先，活动页面的设计应尽量清新、简单、易用，内容不宜太多。用户参与时登记项目不要遗漏也不要过多。若为抽奖活动，公布获奖名单时要注意用户信息安全。其次，在设计数字阅读推广活动的内容时，可以围绕数字阅读使用技巧、数字阅读资源库类型、数字阅读内容、数字阅读达人竞赛、数字阅读经验分享、数字阅读推广宣传活动征集等，推广活动的宗旨就是让更多人知道，让更多人使用图书馆的数字阅读资源。

微博活动开展看起来比较容易，实际比较难，难点在于需要对互动网页进行研发设计、对微博软文进行编写，并在长期的粉丝积累的基础上开展。

（二）熟练运用微博各种功能

新浪微博中自带"微博活动"栏目。目前可以提供有奖转发、限时抢、有奖征集、预约抢购、免费试用等五种模块，适用于数字阅读推广的模块主要为有奖转发、有奖征集两种，当然也可以根据自身活动内容选择相应的模块。

利用这种模式开展活动的实际案例较少。据分析原因为："1+N"模式已经可以满足用户使用，方便灵活；另外，活动功能模式与活动内容不会完全匹配，需要适应它的固定模板，有局限性。但其优点是针对自行研发活动网页有困难的用户，这个功能是免费开展同样类型活动的实现途径。

—考试馆第二期活动#海量试题轻松备考，幸运儿还能获奖。

东莞学习中心—考试栏目，在线试题免费做！1.关注@东莞学习中心；2.点击进入考试栏目，截图并@东莞学习中心（截图不可重复使用）及3个好友，就有机会获得移动电源，5个名额，第二期截至12月9日，小伙伴们行动吧！

活动秘籍：

使用微博活动模块功能时必须熟悉使用方法，但要跳出模块的设计思维，将商用范式转化为数字阅读推广的范式。除此之外，还有其他应用功能模块可以使用，类似于移动端的各种APP，在微博中称为"应用"。在微博官方应用界面中，用户可以选择所需模块，熟悉模块操作后即可开展，但需要注意是否收费。譬如曾经流行过的"微博大屏"应用，是需要收费的，但是它也提供免费试用的简单版本或免费使用的次数等。

这样的在线活动开展起来比较难,需要将微博提供的各种应用功能研究透彻,熟悉各种免费使用规则,并适合图书馆开展的活动。当然,如果有团队协作可以做得更好。

二、微信

如果说微博是注重图文表达的话,微信显然是标准"外貌协会"的,图文制作堪称精良。目前最为活跃的当属"微信公众号",它又分为服务号、订阅号及企业号。各种号之间的区别及如何注册"微信公众号"在微信网页有介绍,这里不再赘述。

微信既不能像网页那样开展线上活动,也不能像微博那样有活动模块提供开展,它更类似于移动 APP,却又不是 APP。那它如何开展数字阅读推广活动呢?主要的内容如图 8-15 所示。

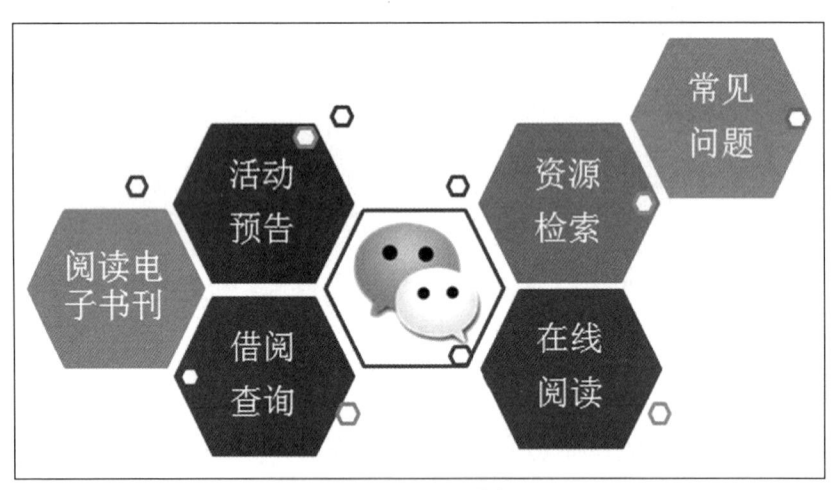

图 8-14 微信服务

"那些我们常常忽略的美好……"深圳图书馆微信服务案例

图 8-15 深图微信服务案例展示

活动秘籍：

深图微信公众号上所做的是在线展览活动，非常适合在微信公众号上开展，精美的画面与美感的文字都让人有阅读下去的欲望。同样，活动举办方可以开展类似活动，比如展示数字阅读实体空间，并可以在微信上在线预约，那么一个简单的数字阅读服务活动就完成了。需要说明的是，微信公众号平台自身的功能是非常简单的，不足以开展更多的线上活动，所以很多公司提供微信功能研发，比如预约功能。随着微信逐渐渗透到每个人的生活中，微信公众号的用户呈几何级增长，在操作上要特别注意，简单的活动也能有非常好的效果。

三、图书馆移动客户端

图书馆移动客户端，即图书馆 APP，就是一个数字阅读资源+移动图书馆服务的应用软件。很多图书馆通常会将图书馆移动客户端制作出一个二维码，在各种宣传品上印制宣传，或者在各种读者服务活动中穿插介绍，并鼓励用户下载安装。在做推广活动时，可采用体验方式、应用方式。

（一）体验方式

即向读者介绍移动图书馆的便利性，如馆情资讯、图书续借功能、借阅信息查询、讲座活动信息查询等，以及各种免费、有版权、制作精良的数字阅读资源。难点主要有：首先，在图书馆开展活动中要有良好的网络环境，至少要确保十人同时可以顺畅使用图书馆提供的 Wi-Fi 服务，如果需要读者使用自己的网络流量，活动效果就会打折扣；其次，在活动中要非常熟悉移动客户端安装下载的技巧，特别是安装路径、注册登录等。

（二）应用方式

将客户端的一些功能或资源融入到用户的日常活动中，以用户可以接受的方式来推广图书馆移动客户端。

如客户端的"活动预约/报名"功能，将图书馆开展的各种实体活动提供到客户端的预约服务，读者只要登录图书馆移动客户端在"活动预约"页面就可以了解活动内容并在线预约。而在活动海报等宣传中，添加客户端的报名方式，引导读者安装并使用。

又如东莞图书馆移动客户端的"扫描"功能。在引进"电子书借阅机"后，每个电子书提供二维码，扫描后即可下载到移动设备上。由于体验新颖，较为吸引人，但当读者扫描电子书时，需要使用图书馆移动客户端的扫描功能才能成功下载所选电子书，不仅资源版权得到了保护，也提高了移动客户端的安装量。

第四节 分享与互助——数字阅读怎么能少了社交

数字阅读不仅仅是阅读数字化的文献产品，同时也包括数字化的阅读，这其中就是要充分发挥数字化阅读社交性的特点，可以开展较为深入的数字阅读

第八讲 数字阅读推广活动组织与策划

推广活动。本讲分享国内外各种活动案例，希望使他山之石为我所用。

一、"一城一书"活动

根据美国的《图书馆杂志》的报道，芝加哥公共图书馆推出了全美第一次在线的"一城一书"活动。芝加哥公共图书馆的用户可以在网络上分六次读完一本书。选择PC、笔记本电脑或者智能手机，不需要安装APP，只要有芝加哥公共图书馆读者卡就可以在线阅读，这次选择的书籍共分为六部分，每一部分有两周的阅读时间，这种连载的形式可以使全城读者在同一时间在线阅读，读者可以在Twitter上分享他们的阅读感悟、摘抄，并推荐给朋友阅读。

> **小贴士：**
> 营造出全城共读一本书并且是线上阅读及分享的氛围，读者很乐意参与进来。

二、"成长书中路"项目

香港教育城邀请各界知名人士演绎优美动人的儿童图书作品，分享他们从书中获得的成长智慧，并录制成视频，放在网络上分享，取名为"成长书中路"。线上除了观看名人阅读的视频之外，还包括该书的导读资料、作者感言及延伸阅读（如图书馆收藏有该书的不同版本或者类似电子书）等。

> **小贴士：**
> 利用知名人士的社会关注度及网络技术和数字阅读资源开展活动。

三、"成人暑期阅读"项目

2013年夏，里奇菲尔德图书馆与Coursera协商并获得了布朗大学温斯坦·阿满德教授在Coursera平台上开设的"The Fiction of Relationship"课程使用许可，该课程教师推荐的读物皆为经典书目，学员除了可以借阅纸质书籍外，也可以通过电子书阅读器免费阅读大多数的

> **小贴士：**
> 在线教育的学习课程中包括老师的指点和推荐，图书馆的学习资源，同学间的分享与学习互助，不仅吸引读者成为学员，而且将数字阅读融入到了学习过程中。

199

推荐书目。学员注册成为图书馆读者之后，首先观看课程视频，该课程共持续10周。图书馆每周会组织一次小组讨论会，然后针对视频内容展开讨论，分享一周的阅读所获。该课程需要学员完成作业，线上线下的学员讨论及学习互助就此开展。共同完成该课程的20名学员表示希望学习更多的课程。

四、公益课堂活动

2012年7月，东莞图书馆开设了"公益课堂"活动，利用采购的视频课件资源及招募志愿老师，采用"课前预习视频课件+课中老师辅导+课后老师课件分享"的模式，线上报名及讨论，线下组织拓展活动等。已开设有摄影基础、"粤"讲"粤"精彩——粤语学习、新概念英语学习、三星智学堂——智能手机应用学习、声光色影读经典系列等内容。

> **小贴士：**
> 挑选的资源为市民日常生活所需或其兴趣浓厚的课件资源。学员可以与老师随时交流心得，分享成果等，营造出共同学习的氛围。而读者的反馈也使得图书馆的数字资源采购种类及数字阅读服务得到了进一步的完善。

第五节 专业"玩家"告诉你数字阅读这样"读"

当各种Pad、智能手机、门户网站充斥着各种阅读资源的时候，你会认为这就是数字阅读的全部了吗？当然不是，你不会知道有一些数字阅读资源是专供图书馆的，以往它们"养在深闺人未识"（罗列在图书馆数字资源列表里，较难发现），现在它们"穿"上时尚的"外衣"（硬件包装），"走"出来（适合各种场所），而制作它们的专业"玩家"（数字资源内容提供商）会告诉你原来数字阅读还可以这样"读"。

一、英语口语挑战活动

根据口语素材难易开展，市民均可参与，选取英文句子进行单句练习或选取英文句子进行对话练习，由机器评判打分，寓教于乐。

二、仿真书阅读体验活动

通过一个集成芯片将漫画、绘本等儿童书籍制作成电子版，通过电脑及定制阅读桌阅读。这种桌面显示器可以提供共同阅读的学习形式，而电脑阅读没有电子版的漫画及绘本，解决了一部分纸质书籍副本数量的问题。

三、3D 电子书阅读体验活动

哈利·波特在魔法学校里看报纸的时候，里面的图片都是会动的，是不是很吸引人？该活动是通过平板电脑的摄像头识别展板上的图像，读者可以在平板电脑上互动体验史前生物，并可以 360 度地旋转史前生物 3D 模型，同时点击触摸相应区域获得相应的知识讲解。

四、音乐视频欣赏体验活动

在图书馆里听音乐、赏歌剧不算新鲜事，而当一个专业级的小型影剧院出现在图书馆的时候，相信每个读者都乐意参加一个配有专业赏听效果的设备加以制作精良的赏听资源及专业人士解读的赏听活动。

具有时尚外观、数字技术支撑的各种数字阅读设备问世之后，图书馆数字阅读体验活动就此展开。专业的人做专业的事才能发挥最大作用。所以图书馆提供场所、宣传海报，组织活动开展，而数字资源内容提供商派出员工向用户介绍产品的特色及使用方法。各自在擅长的领域发挥最大作用，就可以达到事半功倍的效果。

数字阅读推广是图书馆的新型服务内容，从开始宣传各种数据库到借用数字媒体、社交媒体推广，从单一的海报宣传到虚实融合的体验推广，数字阅读推广内容、形式、方式都在快速发展。

本讲所介绍的众多案例，各具特色，与以往的常见的数字阅读推广活动不同，它们有一个共同的特征就是不再单一地介绍资源、数据库等表面的东西，让读者自己来用，这样做是没什么吸引力的。要想让读者知道你想展示的东西，推广要有原则。首先，要站在读者的角度去思考方法、活动、宣传等，这样才有可能会吸引读者。运用各种推广手段中对阅读内容进行深度挖掘，找出可能吸引人的亮点，重点宣传。其次，巧用、善用各种新媒体，充分扩大宣传途径，持续进行推广，集聚用户，提高影响力。最后，与合作方积极开展数字阅读推广活动，利用各种展示形态、体验活动，让更多的人愿意尝试使用资源及服务。数字阅读推广活动是一项需要长期坚持且见效缓慢的工作，更需要细心、耐心、认真、创新的工作态度。所以阅读推广人任重而道远，为了让更多人爱上阅读，爱上书香，让我们一起努力吧！

思考题

1. 本讲中哪种类型的数字阅读推广最吸引你？为什么？
2. 如果由你来组织一个数字阅读推广活动，你会怎么做？

延伸阅读

数字化购书体验

网络购书到底施展了何种魅力，从而得到万千宠爱呢？

❶ 品种无限，选择无限

以亚马逊网上书店为例，提供图书达310万种，以平均年出版图书品种13万计算，则该书店经销约23年内全国出版的全部图书。这在传统书店是不可想象的。在网络"无限大"的虚拟空间里，通过简单的购书界面和分类系统，读者可以满意地获得自己需要的书籍。此外，对于古旧书等，只要顾客需要，也可以通过网络随时订购，这不仅让旧书复活，也充分满足了读者各个方面的需求。

❷ 价格低廉，购买方便

对于普通图书，如当当网折扣一般在6.5折左右，5折或者更低折扣的图书会以广告形式呈现以及时告诉读者最优惠信息。另外还有VIP价格以及买书积分活动。此外，当当网、亚马逊等网上书店还纷纷针对不同专业人群在网上做了个性化专题，以5元书、3元书、2元书这样的促销打折法让积压在各个出版社中的库存书变成"抢手货"。

❸ 信息检索，省时高效

网上书店拥有功能强大的信息查询系统。它像指路牌，把读者带到所需要的图书面前。所有的一切都可在家完成，心急如焚、腰酸腿疼找书的辛苦历程可轻松免除。

❹ 异地成交，永不打烊

网上书店经过多年发展，已经拥有强大的物流系统，天涯海角都可以完成送货任务，如当当网覆盖全国360个城市，亚马逊依托强大的母公司，海内外图书配送均有强大的物流支持，因此广域配送范围内的读者均可以获取网上书店的产品服务。此外，24小时永不打烊的网络书店能即时响应用户需求。以亚马逊网上书店目前服务世界160个国家和地区的渗透性来说，根本已经没有所谓的销售高峰或低谷及淡季旺季之分了。这项优点让网络书店营业时间倍增，效果无限扩大。

❺ 享受参与和交流的快乐

如当当网设有社区板块，是顾客交流的平台，此外，在每一次购买书籍之后，网上书店会依据读者之前提供的邮箱等信息邀请读者对所购书籍进行点评。这不仅是对自己服务效果的检验，同时通过读者书评又能够给更多读者提供购书指导。读者与读者之间达到完全互动，这也是传统书店完全不能比拟的。

国内比较著名的网络书店如当当网、卓越亚马逊网、博库书城、上海书城网上书店、上海图书大厦、北京图书大厦网上书店、广州购书中心、台湾的博学堂网上书屋、澳门的中国现代书店等，国外如亚马逊网上书店、鲍德思网上书店等，都是读者信赖的品牌网上书店，除了能够实现纸质图书数字化订购，网上书店的购书功能在数字化环境下也得到了更多的拓展，如亚马逊网站提供电子书网上购买，通过支付一定金额，即可以将该书电子版本下载到亚马逊Kindle阅读器上进行阅读。

——摘自《数字阅读：你不可不知的资讯与技巧》，李东来、徐丽芳、钟新革编，北京：北京图书馆出版社，2010年版，第27~29页。本文略有删改。

豆瓣，我的精神后花园

❶ 豆瓣是什么

豆瓣不是菜，它是一个集 Blog、会友、交流、小组、收藏于一体的 Web 2.0 社区网络。

❷ 豆瓣有什么

总的来说，豆瓣目前提供的服务有：特定用途的检索（图书、电影、音乐，还有本站内的用户）、购买渠道推荐、特定商品的比价、资料的存储和共享（"我的豆瓣"）、站内线上交互（"小组讨论"和"豆邮"）、SN（"友邻"和"同城"）、"二手交换"，还有"豆瓣推荐"（"豆瓣猜"和"你可能感兴趣的豆列"）。

记录分享、发现推荐、会友交流，这是豆瓣在使用指南中对用户站内路径的指引，分别可对应豆瓣导航的三大组板块：品味系统（读书、电影、音乐）、表达系统（我读、我看、我听）和交流系统（同城、小组、友邻）。

❸ 品味系统——读书、电影、音乐

可以搜索一切豆瓣已有记录的相应类别的产品，还有"新书速递"、"正在热映"影片以及"最近播放次数最多"的音乐列表。内容丰富，以豆瓣读书为例，包括以下几点。①产品信息，如书名、作者、ISBN、出版年、定价等。②评论相关信息，有评论人 ID 及图片、评论题目、内容、评论分、评论等级及回应数等。③产品销售信息，提供链接购买、比价、二手交换等服务。④推荐信息。通过"常用的标签"、"喜欢××的人也喜欢"、"豆列推荐"形式对用户进行推荐，引导用户站内流动。通过站内其他用户使用该产品状态显示（"谁读这本书"）和收藏该产品小组列表引导用户进行单对单、单对群的交友行为。⑤用户登录后，可参与修改产品信息，添加评价，进入该产品的论坛发帖或参与讨论。对产品标识自己"想读、在读、读过"的状态，并列入自己的收藏夹，同时也可以在五个评价级别中选择一个直接表述自己的态度。以上用户行为被网站记录，不但在"我的豆瓣"中体现，还进入到网站的数据库，通过豆瓣设定的计算模型，对网站的页面数据提取产生直接影响。

品味系统是资讯（相关产品）+功能服务+推荐（人和物）的架构，核心是资讯内容，关注点在"物"。不同于图书馆电子版一对多的开放分享，豆瓣由于开放给所有用户参与建设，因此是一个动态变化趋向完整的文化产品资料库，形成的是多对多的分享交流。正因为有交流元素的介入，所以豆瓣强调了参与建设信息的有用与否（评价和讨论），令贡献信息的私人性（BLOG元素）变得公众化（BBS和贴吧）。

截至目前，除了读书、电影和音乐，豆瓣又推出了豆瓣电台。不用添加任何播放列表，更不用费神想听什么，只需打开豆瓣电台！豆瓣电台的后台机器人会不断模仿和学习你的口味，算出你真正想听的好音乐。豆瓣提供"公共电台"和"私人电台"两种选择。无论是谁，只要打开豆瓣电台，就可以收听"公共电台"；注册豆瓣，就可以开启你的"私人电台"，享受24小时专属音乐服务。

❹ 表达系统——我读、我看、我听

社区内的用户管理模块，需注册并登录，即"我的豆瓣"。我读、我看、我听，实质就是用户关于读书、电影、音乐的收藏夹。

表达系统是品味系统与交流系统的联接。如果说品味系统关注"物"，交流系统关注"人"，那么表达系统就是通过用户个体融合这两个重点。

以"我的豆瓣"中的内容为例，用户站内发布信息汇总（评论、回帖、讨论）、收藏行为、向外推荐和交换信息都是用户对品味系统的贡献。而这些内容共同组成用户的个人展现，使其能参与交流系统。豆瓣作出的产品推荐，是以用户个体行为和用户交流系统中触及的其他用户行为为基础的，更有针对性，也可以看作交流系统对表达系统的反馈。

在个人展现部分，收藏（列表）是豆瓣的核心体现，好比个人的网上书架。在豆瓣，个人展现应用方面的"收藏"还不单指"物"，还包括"人"，通过物和物、人和物的关系表达，用户对外展现自己和友邻的收藏。

❺ 交流系统——同城、小组、友邻

2010年2月，豆瓣变形了，网站内容进行了重组：从兴趣分享型网站向更接近线下生活的社区转变。书、影、乐是豆瓣的传统产品，是其核心内容，但日益崛起的豆瓣社区，以兴趣爱好为结合点，将用户关注的焦点扩展到衣食住行、摄影旅行、美容健康、品牌购物等多个方面，内容上更加多元化。

"同城"、"小组"、"友邻"，从交友来说，是一个范围逐渐缩小的过程。豆瓣以共同爱好"物"这个媒介，增加了交友纬度，也更有针对性。对于每一个成员来说，豆瓣的社区提供了一种以"兴趣爱好"为纽带扩展人际关系的可能。这种关系的形成无须刻意，它更多的是伴随着内容关系的形成而自然形成的。

❻ 豆瓣猜

"豆瓣猜"是豆瓣给每个人的个人推荐。通过每天分析你的读过、想读、在读、评价行为，豆瓣会从海量数据里挑选你会感兴趣的内容给你。用得越多，豆瓣猜得就越准确。

——摘自《数字阅读：你不可不知的资讯与技巧》，李东来、徐丽芳、钟新革编，北京：北京图书馆出版社，2010年版，第36~38页。本文略有删改。

维基百科使用十大技巧

十大维基百科使用技巧能帮助你更有效地使用维基百科。

第一，奉献。如果没有人义务地编辑条目、排版、添加引用、修正格式，就不会有维基百科的存在。只要点击"编辑"按钮，你就可以成为维基的贡献者。

第二，随机条目。点击"随机页面"会指向最让你意想不到的条目。这也许是最简单也最容易被忽视的技巧。把这个链接作为浏览器主页，可以让你在打开浏览器的时候，了解更多的知识信息，让你有更多意想不到的收获。

第三，利用 Google 搜索。在 Google 上搜索的时候在关键词的后面添加"wiki"，很多时候你会优先得到来自维基百科的资料。

第四，维基教育 CD。维基百科光盘（wikipedia cd）1.0 版本为在校儿童及年轻学生精选了 2500 条教育条目，由 SOS Children 组织编译，所有的文章均为英文，提供免费下载：http://torrentfreak.com/wikipedia cd distributed over bittorrent/。

第五，Similpedia(http://similpedia.org/index.html)。可以帮助你得到更多与网页相关的信息。在此贴上一篇文章的 URL 或者一段文字，它会帮你在维基百科上寻找与之相关的文章。这个搜索引擎比较有创意，因为很多人即使拿到了一篇文章也不知道如何去提炼其中的关键字。此外，Similpedia 工具里还有更方便的 Firefox Bookmarklet 功能，把它添加到书签工具栏上，在浏览任何网页时可快速获得与页面内容相关的维基条目。

第六，编辑者可信度。你在维基百科所看到的条目可被任何人编辑。编辑者可以是该领域的专家，可以是坐在地下室里的黑客，也可以是一些喜欢以某种方式混淆信息的人。加州大学圣塔克鲁斯分校（UCSC）的研究者们为维基百科开发了一个可信度颜色工具（试用版），用于显示条目是否由可靠的用户提供（编辑者名字越接近橘黄色，就越不可靠）。但是它的功能还不完善，目前只有数百个页面应用了这一工具，并且编辑者的口碑不完全是条目是否可信的可靠标准。想了解更多有关编辑者的信息可以使用 Wikiscanner(http://wikiscanner.virgil.gr/)，它可以搜索出任何一次在维基百科上修改资料的记录，包括 IP 来源，在什么时候修改了哪些资料等。

第七，WikiMindMap(http://www.wikimindmap.org/)。这是一个神奇的可视化维基工具，用来展示条目间的关联。输入关键词后，搜索结果是以思维导图的形式来提供的，在思维导图的帮助之下可以很快地发掘其中的主题和相关信息，你可以通过那些连线来找寻访问条目的路径。

第八，Wikiwax(http://www.wikiwax.com)。其特色在于能够像 Google 那样具有相关词搜索功能，也就是说在输入前几个字的时候，它便会自动出现一些相关的热门搜索词让你选择，以免去繁复地输入，从而可以高效、准确地在维基百科里找到你所需要的条目。当然也不是每个检索词都会出现相关热门词，如果恰巧搜索的是一个冷门话题，当然就不会出现更多相关热门词了。

第九，把维基百科放进你的 iPod。开源软件 Encyclopodia(http://encyc-lopo-dia.sourceforge.net/en/index.html) 是一个可将维基百科导入 iPod 的免费软件。可以把维基百科装入 MAC 或是 Windows 格式的 iPod、iPod Mini 及 Photo iPod，你可以通过触摸盘来获得海量信息。

第十，利用中文维基百科的简繁转换系统。维基百科为每个用户提供用户页面 (http://zh.wikipedia.org/wiki/User: 你的注册名)。想利用该页面进行简繁转换，需要做的是首先注册成为中文维基百科用户，登录后进入用户页面的编辑模式，写入想转换的内容并提交编辑，接下来就可以利用页面上方的"简体"、"繁體"、"大陆简体"、"港澳繁體"、"马新简体"这一排转换按钮随意转换了。但是维基百科对用户页面有严格规定，所以最好在完成简繁转换后，立即在用户页移除这些内容。

——摘自《数字阅读：你不可不知的资讯与技巧》，李东来、徐丽芳、钟新革编，北京：北京图书馆出版社，2010 年版，第 153~155 页。本文略有删改。

数字化书籍将改变什么

一、中小学生的书包不再沉重

电纸书不仅可以集图、文、声于一身，而且存储量大，一般 5 英寸到 9.7

英寸的电纸书都有 4G 的内存，可容纳 2000 册图书。此外，电纸书还可以大量下载数字书刊，复制速度快、成本低，如亚马逊的 Kindle 用 20 秒就可以下载 17 份报纸。因此，不超过 1 厘米厚、1 公斤重的电纸书将装满所有的教科书、参考书，孩子们也就不用背着沉重的书包上学了。尤其孩子们的从众心理比较重，在春节、"六一"及开学前，一旦城市中部分家长给孩子买了电纸书，别的孩子受其影响也会很快跟进，设法拥有。

二、家庭书房将精致化、艺术化

许多学者、文人经常为自己书房的拥挤不堪而烦恼，感觉买了新书无处可放。他们总是向往着一个更宽、更大的书房。不过，不断更换书房的成本十分昂贵，对有些人来说甚至是不可能的。所以，当你的电脑已经连通了数字图书馆，可以查阅海量书刊的时候，当你又购买了几个电纸书终端，想看的新书只需花很少钱就可以下载的时候，书房的拥挤问题就会消失。那时的学者、文人的书房不仅不再因藏书多、空间大而"炫耀"，而且将更加注重环境的装饰，如悬挂书画、摆设花木、安放音响及更加注意采光条件。有的书房还会有博古架，有的书房四周都是根雕艺术品，有的书房里甚至会放一套精美的茶具随时等待客人到来。

三、图书馆的功能会更加丰富

未来的图书馆馆藏资源将由实体、虚拟的两部分组成。由于数字图书、数据库可以在服务器上高密度存储，图书馆能节省出空间开发新的服务项目，如设置数字学习中心、多媒体实习室、讨论圆桌室，开展数字参考咨询、各种小展览活动、真人图书的借阅等。丹麦的奥胡斯公共图书馆（Aarhus Public Library）有一个让人们分享数字新闻的"信息栏"和一个可以搜索带有各种信息的数字地图——"信息拱廊"。此外，它还有一种带有无线射频识别技术（Radio Frequency Identification，简称 RFID）标签的图书电话，孩子能用它找到某一本书来听故事。2014年,奥胡斯公共图书馆要新建一座图书馆——"城市媒体空间"(Urban Media Space,注意这个名称里已经消失了 Library 一词),这说明奥胡斯公共图书馆将更加注重信息知识的自由使用。正如该图书馆的主任罗尔夫(Rolf Hapel)所说:"我们图书馆从不仅仅是关于书的。"

四、"泛在阅读"成为现实

"泛在阅读"(ubiquitous reading)就是无所不在的即时阅读,即人们可以在任何一个地方进行最新文本内容的阅读。以往的时代,边防哨所看不到当日出版的报纸,偏远山村小学买不到新版的《新华字典》。如今3G能让宽带互联网走遍世界的角落。在各种新信息技术的支撑下,人们可以在罕无人迹的海滩、森林、荒漠上轻松阅读电纸书或手持智能终端设备。2010年3月,法国《费加罗报》的一次调查显示,目前法国人纸上阅读仍是主流,但也有22%的人已准备接受数字图书。汉王科技在2010年的国内测试显示,2009年初想要体验电纸书的网民只有5%,而到了年底,65%的人想拥有一个电纸书终端。随着电纸书的普及,这些数据似乎正在提示:"泛在阅读"的现实已经离我们越来越近。

——摘自《随电纸书洪流走入数字阅读时代》,王子舟著,《图书馆建设》,2010年第6期。本文有所删改。

数字阅读的十个思考

一、深阅读还是浅阅读

王余光、汪琴在《世纪之交读者阅读习惯的变化》一文中认为"浅阅读、读图、读网是当前阅读的主要特征"。2010年，全国高考语文卷Ⅱ作文的题目是"深阅读浅阅读"。可以看出，这已经是一个难以回避的文化现象。

当大部头的著作被拆分得七零八散，当博客、微博等所谓的快餐文化甚嚣尘上的时候，当在"面朝大海，春暖花开"中品茗读书却被大量网页不断冲击眼球而心烦气躁时，我们如何去看待数字时代下的阅读？

王余光认为读书还是读网，"这或许并不重要，重要的是，读什么内容。阅读习惯的改变，是不可阻挡的历史潮流"。在我看来，如果确实是有深阅读和浅阅读的差别，那么我们应该更加欣喜，因为我们有了更多阅读感受的选择。它们并非相生相克，并非两条平行线，而是网络时代阅读生态变化的一种必然。我们有了更多宽泛的选择和阅读的快感。

二、文字还是多媒体

虽然在传统的纸质环境下，也会有缩微胶片、光盘等内容的展现载体，但它们基本上还是以文字的表现为主。但在网络时代，文字变得不那么纯粹了，我们有了更多的选择。在多媒体资源的风起云涌中，我们是不是需要做一个阅读的纯粹者、一个传统的捍卫者或者说一个文字的洁癖者呢？

可能人们很难去逃避技术给我们带来的影响。文字对于我们的重要性不言而喻，它开启了我们对于事物的想象力，但多媒体形式的表现并没有让文字失去原有的力量，而是让内容变得更加生动，做到了你中有我，我中有你。

当我们在阅读新闻的时候，网页中会出现一个嵌入的音频或者视频来还原背景；当我们在iPad上阅读一本图书的时候，里面加载了几个视频，作者在讲述创作这本书的心得；当我们在做家务的时候，打开电子书阅读器的文本朗读功能，可以将耳朵唤醒，使我们的眼睛得以放松。对于有视力障碍的读者来说，这就是他们了解世界、洗涤心灵的古腾堡。

数字时代的阅读已经不仅是文字的阅读，是利用一切IT技术表现内容的阅读。我们既读"书"、读"图"，也读"网"。根据comScore公司统计，作为世界上最大的视频分享网站，YouTube 在 2008 年 12 月份的访问量为 59 亿次，2010 年 5 月份的访问量就达到了 146 亿次，而这个庞大的数字仅是由美国网民贡献的。作为世界上最大的图片分享网站，Flickr 在 2010 年 9 月存储的照片总量达到了 50 亿张。

文字和音视频等多媒体资源在互联网时代的互补显而易见，我们无须去辩论多媒体是否侵蚀了我们对于文字的想象力，它的存在如同中国文字的变化一样，都烙在了技术驱动下时代发展的影子上。

三、自媒体还是出版大鳄

在亚马逊公司的平台上，作者可以直接上传自己的作品，自行定价并通过 Kindle 平台进行销售，这种个人出版的模式直接颠覆了传统的出版模式。2010 年 10 月，亚马逊又推出一种叫作"Kindle Singles"的计划，吸引作者在 Kindle 平台发布篇幅介于短篇和长篇著作之间的"小册子"。在传统出版的模式下，这种篇幅的作品也不常见，而 Kindle 的此举正是适应用户阅读习惯变化的一着妙棋。

几年前，已经有不少作者绕开传统出版商对自己的作品进行网络营销。从亚马逊的例子看出，个人的出版如果借助于网络的平台能够取得非常不俗的成绩。盛大的起点中文网拥有大批的网络写手和读者群，通过读者的阅览量进行收费，并与作者进行收益的分成。这些都改变了传统出版的方式。

虽然以上的例子并非主流，短期内还没有对传统的出版商造成很大的冲击，但它们的发展速度不容小视，如果传统的出版商抱残守缺，不能紧跟数字出版的步伐，也许将很快被市场淘汰。

四、收费还是免费

Google 模式下的网络环境，让用户感受到免费带来的好处。当免费的乌托邦成为网民的伊甸园时，又有多少人想为他们所需的内容付费？

现在来说，网络资源免费的共产主义时代已经到来确是妄言，但Google"免费+广告"的策略成了产业模式的一个代表。在互联网初始的混沌状态中，Google为其拨开了一片天空。与之相对应的，当音乐产业日薄西山之时，苹果公司的"iPod+iTunes"的收费模式让音乐产业看到了崛起的曙光。随后的"亚马逊+Kindle"、"iPad+iBooks"都效仿此收费模式，并且取得了很好的收益。

美国《连线》杂志主编克里斯·安德森（Chris Anderson）在2010年8月撰文《Web已死，因特网万岁》，他在文中说，"我们正在逐渐抛弃开放而自由的Web，寻找更加简单、时髦、用起来更舒服的服务，这丝毫不亚于我们当初对它的喜爱之情"。在这篇引起业界广泛热议的文章中，作者充满了对商业模式变革的推崇。他特别提到了苹果公司与传统媒体的合作，推出iPad版的图书、杂志、报纸、游戏等内容。

虽然，免费的资源越来越多，但收费资源的营收增长同样非常迅速。美国出版商协会的报告显示，美国2010年1月至8月的电子图书销量比去年同期增长了193%，达到了2.63亿美元。

收费和免费将是以后网络良性发展的两把利剑，网络资源的丰富和完善需要两种模式的共同促进。

五、创作共用协议还是版权独有

一位制作电子书阅读器的业内人士说过，目前中国出版社官方推出的用于阅读器epub格式的电子图书不足5000本。具体数字虽然较难考证，但大量劣质和非法电子图书的存在，造成了一定程度的"劣币驱逐良币"。任何人都可以无视版权制作电子图书进行发布，甚至从中赢利。诸如百度文库等资源分享网站被以盛大为首的出版商告上法庭、汉王科技被中华书局认定侵权等案例比比皆是。

我们如何才能辨认出以及阅读到"良币"的电子图书呢？造成大量"劣币"存在的原因是什么呢？一个很大的原因是传统的版权规则跟不上互联网时代的发展，甚至出现了水土不服。同时，网络环境下分享理念的渗透，使得越来越多的个人和团体进入了新的阵营。本着知识共享的理念，创作共用（Creative Commons，CC）协议应运而生，它是网络上的数字作品（文学、美术、音乐等）许可授权机制，致力于让任何创造性作品都有机会被更多人分享和再创造，共同促进人类知识作品在其生命周期内产生最大价值。

该协议以构建一个合理、灵活的著作权体系为宗旨，在作者保留某些权利的情况下，作品在特定条件下可以被自由复制或修改，这与传统的所有权利保留的做法形成了鲜明对比，从而使其他人能够在不违反法律的前提下获得更多的创作素材。

CC 协议的出现虽然没有撼动传统的版权规则，却是一次互联网知识共享理念的胜利。作为阅读的群体，我们拥有更多选择的权利。当旧势力的改革跟不上现代的步伐，手中满盘的蛋糕必将会被他人分割。同时，变革初始的种种不确定性使得内容产业出现某种混沌的状态。

六、Web 还是 APP

克里斯·安德森所说的"Web 已死"的背景之一是互联网大量应用程序的出现。由于手机、iPad 等移动终端不同于家用电脑的特点和某些局限，用户越来越多的阅读从网页浏览转移到应用程序（APP）的使用。Kindle 的应用程序不仅可以在 Kindle 上使用，还可以在手机、iPad 上使用，摆脱了敲入网址的束缚，以单独的形式供用户使用。苹果公司的 iBooks 也可以在 iPad 和 iPhone 上使用。同时，针对于阅读电子图书的 APP 更是层出不穷。《连线》杂志推出 iPad 版的电子杂志 APP 后，第一期便得到了超过传统纸本杂志订阅量的佳绩。目前，越来越多的杂志推出了 iPad 版，无论是传统杂志的扫描版还是专门为 iPad 所做的 iPad 扩展版，都是以 APP 的形式进行呈现。

不得不说，这是移动终端阅读的一个非常显著的趋势。虽然 Web 不会死去，我们还要通过它进行查询、浏览、记录，但在移动终端得到越来越广泛应用的情形下，APP 会得到更加快速的发展和应用。

七、推送还是拉取

传统阅读需要我们按图索骥地寻找所需的资源，但在网络时代，我们要应对如何从浩如烟海的信息中快速地找到所需要的资源。

如果说传统阅读是"拉取"（Pull）的话，那么网络时代的阅读则要丰富许多。RSS（真正简易聚合）的应用改变了这一切，它带来了一种全新的信息管理方式和网络阅读的革命。用户根据自己个性化的信息需求，通过 RSS，使信息发布者将用户感兴趣的内容即时地"推送"过来，实现了信息的整合传播。

这也是刚才提到的"Web 已死"的一个例证。我们打开 Google Reader 的应用程序，不需要再登录新闻网站就可以接收到所关心的新闻报道，并且摒弃掉那些我们并不在意的其他信息。我们不需要每天对着图书馆主页的新书目录进行刷屏，而是图书馆主动将我们关心的主题目录推送到我们面前。

尼葛洛庞帝在 20 世纪出版的《数字化生存》中提到：数字化会改变大众传播媒介的本质，"推"送比特给人们的过程将变为允许大家（或他们的电脑）"拉"出想要的比特的过程。

庞杂纷乱的网络资源改变了我们获取信息的方式，由被动变主动，信息传播与接收从神交已久到比特知音，从远在天边到近在眼前，这是 Web2.0 的力量。

八、"容"重要还是"器"重要

Kindle 的成功让出版业看到电子墨水技术带来的春天没有多久，我国的汉王科技等一批阅读器厂商也迅速跟进推出了自己的产品。很快，我们又被苹果公司的 iPad 炫目的资源展现形式所折服。它们同时成为数字出版产业发展的强力催化剂。

对于阅读器来说，是纯粹的软硬件设计重要还是里面的内容重要？赵亮用"有'容'乃'器'"表达了自己的观点：只有"内容"才是电子书阅读器成功的关键。但在现实中并非这么简单。由于阅读器的历史较短，在进入数字出版产业领域中还有很长的路需要走，特别是大多厂商在内容合作开发上没有与出版商达成某种良性循环的模式。所以，国内的阅读器厂商大多还是通过售卖硬件进行赢利，而没有达到 Kindle 在内容建设上所取得的成绩。

从长期的发展来看，抓住数字出版的源头才是关键，而最直接的表现就是如何能够拿到"内容"以及如何能够平衡相关权益方的分配，这两个方面互为因果。

九、平板电脑还是电子墨水阅读器

基于电子墨水技术的电子书阅读器以最接近传统纸张阅读的方式横空出世，成绩不俗。我们认为主要原因有以下几个：① 家用电脑等阅读终端的普及使更多的人习惯于电子书的阅读；② 人们获取信息的方式也随着互联网的普及慢慢改变；③ eInk 技术成为电子书阅读器在这几年发力的一个硬件条件；④ 亚马逊 Kindle 阅读器的商业模式创造并引领了一个较好的产业环境。直到 2010 年 4 月，苹果公司推出了平板电脑 iPad，打破了以 Kindle 为首的阅读器一枝独秀的市场。它为我们提供了良好的多媒体资源阅读体验，越来越多的公司看到此前景并加入到资源合作中。

除了 iBooks 应用程序外，很多类型的内容都在 iPad 上得以展现。比如漫画书已经进入了 iPad 平台，Boom、Graphic.ly、iVerse 等公司已经开发出 iPad 应用程序，除了用数字化展现内容外，Graphic.ly 还将社交网络整合到移动和桌面应用中，用户登录后即可以对每帧漫画进行评论。

同时，另外一个名为 Flipboard 的应用通过与众不同的理念和设计将用户的 Twitter 和 Facebook 变成了一本杂志，并拥有优于网页浏览的便捷性。Twitter 带来了一场新闻革命，而社交网站 Facebook 已经拥有超过五亿的用户，并且按页面浏览量计算，Facebook 一度占美国互联网市场的 24.27%。两者通过苹果的应用程序对网页的内容有了更好的展示。

ChangeWave 公司对 2800 名美国消费者进行了调查。2010 年 11 月的调查结果显示：75% 的 iPad 用户对他们在这款设备上的阅读体验表示"非常满意"，而 Kindle 用户仅有 54% 给出了同样的反馈。要是把认为"还不错"的读者也算进去，iPad 得到了 96% 的认可，而 Kindle 依旧要逊色一些，数值为 92%。

根据 ChangeWave 研究负责人 Paul Carton 的介绍，iPad 在电子书市场的份额几个月内就已经翻了一倍，而且与 Kindle 的差距已经缩小到 15% 以内了，目前它所占市场份额达到了 32%。相反，与 8 月相比，Kindle 的市场份额则下降了 15%，变成了 47%。

虽然 iPad 的销量不错，但并没有阻止 Kindle 前进的步伐。亚马逊公司的报告显示，2010 年第二季度，亚马逊的电子图书的销量首次超过精装本图书销量，每卖 100 本精装本的图书就能卖出 143 本电子书。总裁杰夫·贝佐斯 (Jeff Bezos) 针对这个数据说："想到购买精装书的亚马逊顾客还没有买电子书的多，我真的很惊异。我们卖精装书 15 年了，卖电子书的时间只有 33 个月。"图书的种类大大增加，从三年前的 8 万多种到现在的 70 多万种，而且涵盖了《纽约时报》畅销书榜上的绝大部分图书。在内容建设上，Kindle 将 iPad 远远地甩在身后。

传媒大亨鲁伯特·默多克（Rupert Murdoch）于 2010 年 11 月宣布：他的新闻集团将与苹果公司合作，推出一份专门以 iPad 为平台的电子日报，并命名为 The Daily（日报），他们看中了苹果应用程序的影响力。

可以看出，iPad 正在一步步地侵蚀 Kindle 的份额，但它们的增长量确是齐头并进，共同推进了数字阅读的发展。与其说是选择 Kindle 还是 iPad，不如说是选择阅读文字的快感还是选择多媒体带来的视觉和听觉带来的冲击。不同的群体有不同的需求，虽然这两个设备在阅读体验上还有一些待改进之处。

十、个体与群体

一直以来，阅读是一个非常个人化的行为，甚至关系到个人隐私。虽然也有读书会这样的阅读团体，但由于缺少沟通的有效渠道，阅读还是不经意地贴上了"个体"的标签。

网络时代让这一切发生了很大的变化。人们可以通过豆瓣网站进行记录，分享自己所阅读的图书、观看的电影和聆听的音乐。用户通过对图书的评价来影响其他人对于本书的阅读。而且，用户可以根据自己的喜好建立某个主题小组，类似于读书会，形成一个小的社区，互通有无，交流心得。

打开网上商店准备购买一本图书时，网站会提醒你购买本书的读者可能还会购买的其他图书，这种社会化的复杂网络技术应用正在改变着我们的阅读来源。

网络所具有的分享特征使得用户能够主动地去了解某些资源，并根据自己的判断来决定是否进一步阅读。传统的口耳相传移植到网络中，让那些少人问津甚至是历史遗孤的资源游入"蓝海"中，甚至跃入"红海"。"酒香不怕巷子深"这句话对于网络资源来说也许会比传统出版下的资源更有说服力。

网络社区文化的力量将我们的阅读环境从一个小山村推向了整个地球村，你影响着我，我影响着你。

结　语

福楼拜在《致尚特皮小姐》中写道："阅读是为了活着！"这句话成为很多读书人的座右铭。数字时代的阅读不仅是为了活着，而且是为了活得丰富多彩、千姿百态。数字阅读的时代还没有真正来临，它还"在路上"。也可以说，数字阅读的时代已经到来，它并非一蹴而就，而是自我修正，渐入佳境。数字时代的阅读并非去纸质化，而是信息时代资源存取与拥有的多元化，它提升而非消除原有的模式。资源类型的多元化与阅读平台的延伸是数字化阅读的纵横坐标，它们的长度依赖于信息技术的发展，同时也引领阅读的方向。

——摘自《数字阅读的若干热点冲撞》，张洁、顾晓光著，《图书与情报》，2011年第4期。本文略有删改。

后 记

南国仲夏,荔枝飘香。《数字阅读推广教程》编写组成员齐聚东莞,对书稿做最后的编审核稿,同时也探讨了当今社会阅读的时尚风潮、数字化的影响冲击等热点议题。我们这个团队年轻人多,有朝气、活力强。许多人是首次来到新兴的移民城市东莞,眼中带着好奇和兴奋。而他们参与的数字阅读工作又是数字化生活和全民阅读"双热潮"下的交集。可以说,天、地、人、事等都是新鲜而有热度的。大家在一起,工作热情、讨论热烈、兴趣盎然、富有成效。回顾这半年紧张而充实的编写过程,编写组付出了汗水,也采摘了收获,就像岭南佳果荔枝一样,挂着红颜,透着甜蜜。

近年来,数字阅读与学习获得大规模发展。伴随无线网络和智能设备的普及,以网络技术、移动技术、数字资源为基础的数字阅读开始进入人们的日常生活,变得流行起来。网络文学、各类阅读APP、电子报刊、自媒体等新兴媒体不断涌现,社会进入到一个传播方式多元化的时代。信息技术的变化、传播方式的丰富进一步激发了社会的信息需求,使得其具有核心标识意义的数字阅读来到爆发的拐点上,未来发展不可限量。回到图书馆行业来看,阅读是实现图书馆价值的主战场。数字阅读对图书馆的资源构成、服务方式、工作流程、推送平台等各个方面都提出了新的要求,它技术新、范围广、需求大、层次多、变化快,挑战着我们既有的工作模式、知识结构,乃至生存基础。我们唯有了解它、适应它,才能努力跟上它的步伐。

2014年底,中国图书馆学会策划在全国范围内开展"阅读推广人"培育行动,目标是提升基层图书馆员阅读推广工作能力,加强人才培养工作,并为此编写一套即可供图书馆员充当"阅读推广人"教材,又可为读者充当自我提升读物的丛书。丛书主编王余光教授、霍瑞娟秘书长委派李东来、李世娟负责《图书馆数字阅读推广》的编写任务。2015年2月初，在深圳举行的阅读推广人培育教材编写会议期间，李东来和李世娟在王余光教授策划搭建的数字阅读大纲基础上，初步拟定了全书框架。如何编写一本既能比较全面介绍数字阅读内容又能提高阅读推广人推广数字阅读能力的实用教材，就变得既重要又困难。根据丛书定位，我们把本书读者对象锁定为知道与不知道数字阅读之间的人，并以图书馆员为主要群体，不考虑数字阅读达人们。在内容选择上，重视实用有效而不是过于求全，偏应用而不偏技术，偏普及而不偏高端，偏主流而不偏前沿。3月初，经过反复多次沟通、交流、碰撞，确定了每讲的主题，筛选东莞图书馆、北京大学信息管理系、电子科技大学图书馆业务骨干，组成编写组并细化了分工，其中，刘菡负责第一讲，卢兆飞负责第二讲，顾晓光负责第三讲，麦志杰负责第四讲，赖丽玮负责第五讲，侯壮、高晓晶负责第六讲，温慧仪负责第七讲，银晶负责第八讲。按照教材编写进度，3月底完成书稿第一稿撰写。为了统一整套教材的风格，组织进行了多次小组讨论或通讯沟通，参照邓咏秋撰写的《推荐书目的类型与编制》风格进行修改，于5月中旬形成第二稿。再进一步进行格式规范、调整充实内容、删减重复等工作之后，于6月下旬形成地三稿。7月2日、3日两天，在东莞召开阅读推广人建设研讨会暨《图书馆数字阅读推广》编审核稿，做最后冲刺，对全书进行系统梳理。针对编写过程中遇到的问题逐一讨论解决，并对部分章节架构做了调整。会后，编写组成员各自删繁就简、查漏补缺，于7月9日基本完成了修改。大纲形成后，李世娟承担了最繁重的全书组织、审阅工作，对三个稿本和各章节提出修改意见，并负责全书统稿，于7月中旬形成定稿。

教材编写期间，中国图书馆学会阅读推广委员会同仁对本书给予了诸多指导，朝华出版社的编辑老师对书稿后期编辑提出了诸多建议，在此一并致谢。

李东来
2015年7月13日